A los amantes que aman
con valentía.

Y a Dámaris, el alma infinita
cuyas profundidades
solo comienzo a descubrir.

AMAR ES DE VALIENTES
e625 - 2019
Dallas, Texas
e625 ©2019 por Itiel Arroyo

Editado por: **Virginia Bonino de Altare**

Diseño de portada e interior: **JuanShimabukuroDesign @juanshima**

ISBN: 978-1-946707-17-8

IMPRESO EN ESTADOS UNIDOS

CONTENIDO

PRÓLOGO

Amo la lectura y creo que eso me ha permitido desarrollar cierto olfato hacia los libros. Hace tiempo los juzgaba por su portada, pero pronto descubrí que la apariencia no tiene nada que ver con la esencia.

"¿Qué valoras de un libro?", me preguntaron recientemente en una entrevista. Mi respuesta fue: "Hoy valoro un libro no por cuánto llena mi cabeza, sino por cómo acelera mi corazón".

Amar es para valientes, el libro que tienes en tus manos, ha dado en el blanco convirtiendo las palabras en certeros disparos que llegan al corazón, inundándolo de vida.

Escribir sobre el amor es un reto difícil, pues pocas palabras han sido tan utilizadas, manoseadas y tergiversadas como esta. Agradezco a Dios que Itiel Arroyo no se amedrentase ante el reto y decidiera enfrentarlo. El resultado está en tus manos y puedo asegurarte que no te dejará indiferente.

Buceé en las páginas que estás a punto de leer. Lo hice con placer y sosiego y, al resurgir de esa aventura, lo hice enamorado del amor. El autor lo describe de tal manera que es imposible no quedar cautivado.

Quiero destacar varias cosas de *Amar es para valientes*:

Es un libro directo. No apunta a cien blancos, sino que solo se dirige a uno. No persigue nada más –y tampoco nada menos- que desvelar ante el lector la esencia y contenido de una realidad tan maravillosa como lo es el amor. ¡Y lo consigue!

Es un libro trascendente, a la vez que relevante. Es trascendente porque apunta al cielo, y relevante porque nos hace pisar la tierra. Como alguien dijo: "Para dejar huella lo primero es tener los pies sobre la tierra". Este libro es un adecuado lastre que nos lleva a aterrizar.

El lenguaje que Itiel utiliza es bíblico sin ser religioso, cercano sin ser simplista, directo sin ser grosero y contemporáneo sin dejar de ser elegante.

Amar es para valientes convierte la Biblia en un delicioso compendio de viajes. Nos sumerge en apasionantes rutas al corazón de las Escrituras, donde cada historia se transforma en una vivencia real, cercana y enormemente instructiva para el lector. Sí, esa es la otra cualidad del libro que tienes en tus manos: extrae de la Biblia vida para el espíritu y emoción para el alma.

Por esas, y por muchas razones más, estás a punto de embarcarte en una travesía que resultará placentera. Ingiere y digiere la sabiduría de este libro, porque te aseguro que resurgirás de este viaje habiendo crecido.

José Luis Navajo

INTRODUCCIÓN

No siempre podemos hacer grandes cosas,
pero sí cosas pequeñas con un gran amor.

Madre Teresa de Calcuta

Cuando llegó por primera vez a Kenia, Luis se preguntaba cómo él y sus compañeros de misión, todos ellos españoles universitarios, podrían ayudar en ese caluroso lugar de África. Se subieron al avión sin saber muy bien cuál sería su cometido al llegar a Nairobi. Daba igual si se trataba de excavar un pozo, plantar árboles o construir un edificio, tenían exactamente la misma experiencia para ello: ninguna. Sin embargo, Luis estaba seguro de que Dios le había enviado a aquel lugar por alguna razón.

Finalmente, su destino fue servir durante una semana en un asilo de niños moribundos dirigido por las monjas de la caridad de la Madre Teresa de Calcuta. Cuando entró, se encontró con una escena que le encogió el corazón. Estaba en una casucha poco iluminada, repleta de camillas y goteros de suero, con niños enfermos, muchos de ellos tan débiles que apenas tenían fuerza para llorar su dolor.

Luis se quedó literalmente bloqueado, mientras observaba aquella imagen. ¿Qué podría hacer él para aliviar tanto dolor? El no encontrar una respuesta lo dejó paralizado. Estático. Se sintío inútil.

De pronto, una hermana de la caridad le agarró la cara con sus dos manos ásperas de tanto trabajar y, mirándole a los ojos con autoridad, le preguntó: "¿Has venido a mirar o a ayudar?". Aquella pregunta, fue suficiente para desbloquearlo. La mujer le pidió que tomara en brazos a un niño de dos años que no paraba de llorar y le dijo: "Tenlo en tus brazos y dale todo el amor que seas capaz de dar". Luis no sabía muy bien a qué se refería, pero quería ser obediente a la petición de la monja, por lo que levantó al niño de la camilla y lo sostuvo entre sus brazos. El niño estaba tan delgado que podía notar sus huesos mientras lo abrazaba. Literalmente, podía ver el movimiento del latido del corazón sobre su pecho desnudo.

Luis recordó la manera en la que su hermana arrullaba a su bebé y le pareció que podría funcionar. Comenzó a cantar al pequeño, a acariciarle el pelo, a sonreírle y a darle besos. Como si fuese su propio hijo. Fue todo lo que se le ocurrió, pero lo hizo con todo su corazón.

Entonces, el niño dejó de gimotear y sonrió. Una sonrisa preciosa, en una cara huesuda y sucia de mocos. Pocos minutos después, se durmió. Sin embargo, en un momento notó que el pecho del niño había dejado de moverse y, asustado, lo llevó corriendo a la hermana de la caridad que, poniendo su mano sobre el pequeño, confirmó el fallecimiento.

Ella sabía desde el principio que el niño se estaba muriendo. Miró nuevamente a Luis, con ojos llenos de luz que contrastaban con la oscuridad de aquella habitación, y le dijo: "Este niño ha muerto en tus brazos y tú te has adelantado unos minutos, con tu cariño, al amor que Dios le va a dar por toda la eternidad".

Aún con el cuerpo inerte del pequeño entre sus brazos, Luis comenzó a llorar y a dar gracias a Dios. En ese momento, comprendió cuál era la razón por la que Jesús le había enviado allí: poder brindar por adelantado el amor que Dios desea dar a las personas por toda la eternidad.

ESTE LIBRO

Cuando escuché la historia de Luis, el Espíritu Santo me habló con urgencia: "Quiero que te adelantes al amor divino, que ofrezcas por adelantado una muestra del amor que Dios quiere dar a las personas por toda la eternidad. No necesitas ir a África para hacer esto, quiero que lo hagas con aquellas personas que voy a poner en tus brazos". Con el tiempo, he llegado a comprender que el amor es un asunto prioritario y que ser un portador de ese amor en medio de un mundo en agonía es mi vocación.

A través de las páginas de este libro, deseo invitarte a que te sumes a este llamamiento supremo. Y no lo hago en mi nombre, lo hago en el nombre de Jesús, aquel que descendió del cielo a este mundo oscuro, moribundo por el pecado, y nos adelantó el amor de Dios.

Con este libro, me propongo desafiarte a que te conviertas en un portador del amor de Dios en medio de tu mundo. He intentado ser muy práctico a la hora de describir lo que significa amar de verdad a las personas de tu entorno, fundamentalmente a tu pareja, a tu familia y a tu comunidad, por lo que descubrirás que el verdadero amor se conecta con otras virtudes como la valentía, la honra, el compromiso, la protección y el perdón.

EL VERDADERO AMOR SE CONECTA CON OTRAS VIRTUDES COMO LA VALENTÍA, LA HONRA, EL COMPROMISO Y EL PERDÓN.

En segundo lugar, quiero pedirte disculpas. Este libro no es una obra completa acerca de las profundidades del amor, en realidad, creo que solo araño la superficie de un tema que me llevará toda la vida y gran parte de la eternidad descubrir. Más bien, me centro en describir lo que significa amar en algunos desafíos que nos ofrecen las relaciones importantes de nuestras vidas. Además, es un poco frustrante para mí escribir acerca del arte de amar cuando tantas veces fracaso en mi intento de hacerlo como Dios espera. Al igual que tú, estoy aprendiendo.

Finalmente, voy a confesarte mi gran deseo. Oro para que, al leer este libro, te sea revelado el gran amor con el que eres amado. Para que descubras a Jesús, el amante de tu alma. Porque solo así, sintiéndote completamente amado, podrás tener el valor de amar a los demás.

M I S E
R I C O
R D I A

01

HESED

LA MANERA EN LA QUE DIOS AMA

PIERRE
TEILHARD
DE CHARD

LLEGARÁ EL DÍA EN QUE DESPUÉS DE
APROVECHAR EL ESPACIO, LOS VIENTOS, LAS
MAREAS Y LA GRAVEDAD, APROVECHAREMOS
PARA DIOS LAS ENERGÍAS DEL AMOR. Y ESE
DÍA POR SEGUNDA VEZ EN LA HISTORIA DEL
MUNDO, HABREMOS DESCUBIERTO EL FUEGO.

Porque misericordia[1] quiero, y no sacrificio, y conocimiento de Dios más que holocaustos.

Oseas 6:6 RVR60

Me cuesta imaginar una generación que haya estado más confundida que la nuestra acerca de lo que es el amor. Constantemente somos influenciados con mensajes confusos acerca de lo que significa el amor.

He oído decir a algunos adolescentes que amar es enamorarse, a las madres que es lo que sintieron cuando olieron por primera vez la piel de su bebé sobre su pecho y a los padres que es asegurarse de que sus hijos tengan las cosas que necesitan. Algunos esposos, cuando hablan de amor, hablan de respeto, las esposas hablan de tiempo. Los jóvenes parece que hablan de besos y caricias, y los ancianos de compañía y protección.

Entonces, entre tantas interpretaciones distintas, ¿qué forma tiene realmente el amor?

La política lo define como un derecho, la biología como un instinto y los neurólogos como química. Algunos afirman que el amor es ciego, otros que es a primera vista e incluso he oído decir que el amor lo justifica todo.

Honestamente, es fácil sentirse confundidos con tantas definiciones sobre lo que significa amar, con tantas definiciones que a veces resultan contradictorias. Y mientras esta palabra queda sin una definición veraz en el corazón de esta generación, nuestro mundo experimenta una terrible escasez de amantes.

De hecho, esta confusión se hace evidente al comprobar la imagen que se dibuja en la mente de nuestra generación cuando hablamos de ser un amante. Hay algunos que se tensan solo con oír el sonido de esta palabra. ¿Te has dado cuenta de que esta preciosa palabra se ha distorsionado de tal manera que ha llegado a convertirse en algo terrible? En nuestra cultura actual, un amante es aquella persona que mantiene una relación romántica con otra que está casada, manteniendo una relación secreta y con énfasis en la obtención de placer. Es decir, la

---

1 Hb. Hesed

palabra amante se ha convertido en sinónimo de adulterio, mentiras y traición. Una palabra que deja tras de sí el rastro de un matrimonio destruido, hijos envenenados con odio y hasta el aborto de bebés accidentales.

LAS PALABRAS TIENEN PODER PARA MOLDEAR EL PENSAMIENTO

Como si esta distorsión del término no fuera suficiente, nuestra cultura ha desgastado la palabra usándola de forma absurda, hasta que ha conseguido robarle todo su poder. Decimos: «Soy un amante de la música clásica» o, peor aún, «Soy un amante de las hamburguesas». ¿Es posible usar la misma palabra para describir lo que sentimos por un trozo de carne y para lo que sentimos por una persona?

Aunque parezca simplemente una forma de hablar inofensiva, estoy convencido de que las palabras tienen poder para moldear el pensamiento, es decir, con el cambio del lenguaje se produce un cambio de forma de pensar. Si prestas atención al sonido de tu voz interior, es decir, la voz de tu mente, te darás cuenta de que siempre que razonas lo haces a través del lenguaje que has aprendido. De hecho, mientras lees estas palabras impresas, el significado que crees que tienen está dibujando una idea en tu mente. Por lo tanto, el significado que tengan para ti va a condicionar tu forma de pensar. En definitiva, pensamos como hablamos.

EL PODER DE LAS PALABRAS

Este es un principio espiritual revelado en la Biblia: las palabras tienen poder para crear realidades. Si prestas atención a la lectura, en las primeras líneas de la Biblia descubrirás el primer atributo de la divinidad: Dios habla.

En el poema de la creación observamos que Dios creó el cosmos hablando; creó la realidad a través de sus palabras. Dios dijo: *«Sea la luz»* (Génesis 1:3 RVR60), y la luz surgió a partir de la esencia de sus palabras. Dios siguió diciendo y aquello que decía era creado a través del poder de sus palabras. Antes que cualquier otra cosa, existía la mente de Dios y cuando él puso palabras a sus pensamientos, llegó a existir esta realidad que llamamos universo. El espacio, la energía y la materia surgieron a partir de las palabras del Eterno.

Te pondré un ejemplo para representar mejor esta idea. Si tomas un smartphone y comienzas a interactuar con sus aplicaciones, a través de la pantalla verás colores, líneas y formas que, combinadas, proyectan una imagen; por ejemplo, la de un velero navegando sobre el mar en una puesta de sol. Tus ojos captan esa combinación de píxeles coloreados y tu cerebro interpreta la imagen. Pero, si lo piensas bien, esa imagen que ves, esa combinación de colores, líneas y formas, ese barco, ese sol y esa agua son una proyección: el producto de un lenguaje de programación. En la capa más profunda de esa imagen, más allá de los píxeles iluminados en la pantalla del aparato, se encuentra un código binario, un lenguaje formado por unos y ceros que, combinados de la forma correcta, crean la realidad que ves. Es decir, finalmente, lo que ves en la pantalla del smartphone es la realidad creada por un lenguaje.

Imagino que cuando los científicos logren partir el átomo hasta obtener su esencia más fundamental, escucharán el sonido de la voz de Dios, la vibración de sus palabras. Porque de eso está hecho todo en el universo.

Cuando Dios se dispuso a crear la vida lo hizo también a través de sus palabras, y lo hizo hablando a cada ecosistema: habló a la tierra y ésta produjo la vegetación, habló al agua y ésta produjo los animales marinos. Dios habló a cada ecosistema y surgió de él la vida biológica que dependería de esa atmósfera para vivir. El ambiente de donde surgieron los mantendría vivos. Por esa razón, no puedo evitar emocionarme al pensar que, cuando Dios creó al ser humano, hizo algo distinto a lo que hizo para crear todo lo demás. Dios se habló a sí mismo, dirigió sus palabras hacia sí y se dijo: *«Hagamos al hombre a nuestra imagen»* (Génesis 1:26 RVR60). De esta manera, el espíritu del hombre se produjo a partir de la esencia de la Trinidad, por lo que se sostiene y depende de esa atmósfera para vivir. Dios es el hábitat del espíritu humano, por cual éste no puede sobrevivir fuera de Dios, como un pez no puede sobrevivir fuera del agua o una planta no puede perdurar desarraigada de la tierra. Es cierto que Dios formó el cuerpo del primer ser humano a partir del polvo de la tierra, por eso nuestro cuerpo requiere de los nutrientes de este ecosistema para mantenerse vivo, pero nuestro espíritu viene de Dios y no puede sobrevivir desligado de la divinidad.

A la conclusión a la que quiero llegar es que, cuando Dios sopló su aliento a través de las fosas nasales de ese trozo de barro con forma de cuerpo humano, Dios metió una parte de él en el hombre, un espíritu a su imagen y semejanza. Y voy a arriesgarme a afirmar que uno de los reflejos de Dios que se le otorgó al ser humano fue el lenguaje, ese atributo que nos distingue de cualquier animal sobre el planeta tierra, que nos da la capacidad de razonar e imaginar, que nos da la habilidad de comunicarnos con otros seres humanos, imprimiendo ideas en las mentes de los que escuchan nuestras palabras, creando conceptos abstractos en el pensamiento, como la belleza, el perdón o la dignidad. Porque es a través de las palabras que definimos lo que es bueno o malo, justo o injusto, verdad o mentira. Moldeamos el mundo que nos rodea a través del lenguaje. En definitiva, a través del don de la palabra que Dios nos ha dado, creamos los conceptos que van a impulsar nuestras almas, que van a dar sentido a nuestra realidad y que van a gobernar nuestro mundo. Lo que estoy intentando decir es que Dios nos dio el lenguaje para que continuásemos con su obra creativa, nos regaló las palabras para que las usemos para construir un mundo que refleje su bondad. Aunque también podemos hacer todo lo contrario.

Satanás es tan consciente de este principio que lo usa para crear realidades tóxicas que destruyen al ser humano. En la primera conversación que Satanás tuvo con los hombres, usó las palabras para distorsionar el pensamiento que ellos tenían acerca de quién es Dios. Manejando sutilmente las palabras que Dios había pronunciado, distorsionó su significado original y les hizo creer que Dios no era confiable. Literalmente, esas palabras moldearon un pensamiento tóxico en sus mentes que terminó separándolos de Dios. Eso es lo que hizo entonces y es lo que sigue haciendo ahora: distorsionar el significado de las palabras para que dejen de significar aquello para lo cual Dios las pronunció.

Esta estrategia satánica es muy notable en los medios de comunicación. Por ejemplo, en los noticieros no se habla de aborto sino de «interrupción voluntaria del embarazo», del mismo modo, no se habla de eutanasia sino de «muerte digna» o, en el caso de los vientres de alquiler, la expresión utilizada es «gestación subrogada». Así pues, un día, en una conversación sobre los asuntos sentimentales de los famosos, un comentarista dijo que uno había sido infiel a su pareja y el presentador lo corrigió diciendo que había sido «desleal». También oí a los entrevistados contar versiones de su historia diciendo: «Esta es mi verdad».

Pero si hay una palabra que Satanás se ha encargado de distorsionar en nuestra generación esa es la palabra «amor». Por eso, en este libro, me atrevo a hacerte un desafío: que devuelvas a esa palabra su significado original, encarnándola en tu propia vida. Te desafío a que te conviertas en un «amante», pero uno según el diseño de Dios. Porque los verdaderos amantes son los que aman y el significado del amor solo puede ser determinado por aquel que lo creó: Dios mismo; aquel que la Biblia describe como el amor verdadero.

HESED

He comenzado a escribir este libro hablando del poder de las palabras porque es por causa de una palabra que descubrí en la Biblia que mi concepción acerca del amor fue revolucionada.

No exagero al decir que mi mente experimentó un impacto cuando descubrí esta palabra hebrea. Literalmente tuve que replantearme todo lo que pensaba acerca del amor y cuestionarme seriamente si yo sabía amar. Es decir, el poder de esta palabra cambió mi realidad.

Te aseguro que yo creía que sabía amar hasta que esta palabra dibujó en mi mente una clase de amor que yo no conocía y no pude más que cerrar la puerta de mi habitación y, poniendo mi cara contra el suelo, orar a Dios: «Perdóname por haber practicado un amor tan mediocre, te ruego que me enseñes a amar de verdad». Han pasado años desde esa oración y aún sigo descubriendo lo que significa, aún sigo luchando con las implicaciones de esa palabra. Me estoy refiriendo a la palabra *Hesed*.

Hesed aparece cientos de veces en la Biblia. Principalmente hace referencia a la relación que Dios tiene con su pueblo, pero también alude a la relación que Dios espera que su pueblo tenga, los unos con los otros. El misterio de esta palabra que me ha atrapado es que es intraducible. Sí, como lo lees. No hay una sola palabra en cualquier otro idioma que represente el significado de *Hesed* en su totalidad. No la hay.

Su significado es tan profundo y rico en matices que los traductores han tenido serios problemas para traducirla al español. No existe una sola palabra en nuestro idioma que represente el significado completo de *Hesed*, por lo que, finalmente, los traductores optaron por traducirla de diferentes maneras a lo largo de toda la Biblia:

Misericordia
Ternura
Fidelidad
Bondad
Gracia
Pacto

Algunos traductores la traducen como «amor de pacto» o incluso la he visto traducida como «amor inagotable». ¡Es fascinante! O por lo menos a mí me lo parece. Porque lo cierto es que esa palabra significa la suma de todas esas otras palabras. *Hesed* es un tipo de amor lleno de misericordia, ternura, fidelidad, bondad, gracia y pacto. Es un amor que no se agota, que lucha y persiste. Un amor tan leal que nunca se rinde. *Hesed* es una palabra tan ancha, alta y profunda que puedes perderte en ella. Podrías dedicar toda tu vida a descubrir lo que significa. Probablemente es por eso que he escrito este libro, porque quiero comprender mejor su significado.

Necesito saberlo.

¿Por qué? Porque, en definitiva, *Hesed* es la manera en la que Dios me ama. Y creo que no hay una revelación más importante para mi alma que esa.

LA PREGUNTA INESPERADA

Un amigo me hizo una pregunta inesperada:

«Itiel, si Dios se apareciese delante de ti y te hiciera el ofrecimiento de responder a una única pregunta, ¿cuál le harías?».

Estoy convencido de que hay un montón de preguntas importantísimas para la humanidad al estilo de:

¿Cuál fue el origen del universo?

¿Hay vida en otros planetas?

¿Cuál es la cura del cáncer?

No sé cuál sería tu pregunta. A riesgo de parecer un egocéntrico ante tus ojos, la respuesta que le di a mi amigo brotó de mis entrañas. Casi fue un acto reflejo.

«Le preguntaría: ¿Cómo es tu amor por mí?».

Desde que era un niño he escuchado que Dios me ama, he cantado que Dios me ama y leído que Dios me ama. Sé que es la verdad, porque la Biblia lo dice y porque Jesús se hizo hombre para decírnoslo en la cruz. No ignoro esa verdad fundamental. Pero admito que mi alma anhela escucharlo de todas las maneras que sea posible, quiero entender todos los matices del amor de Dios por mí, quiero sentirlo, quiero que me inunde, quiero que me marque. He llegado a comprender que he sido creado para ser amado por Dios y cuanto más se arraigue esta verdad en los resortes más fundamentales de mi identidad, más seré impulsado a una vida más elevada.

Saber que soy amado por Dios me libera.

Me libera del miedo a fracasar, a caerme o a fallar.

Me libera de las cadenas de la opinión de la gente e incluso de las cadenas de mi propia opinión.

Me libera de la ansiedad por el mañana.

SABER QUE SOY AMADO POR DIOS ME LIBERA.

Saber que soy amado por Dios me hace valiente, porque el que se sabe amado puede amar con coraje, puede dar, servir, perdonar y honrar, actos heroicos en un mundo gobernado por el egoísmo.

La revelación del amor divino es como las alas para un pájaro. ¡Qué triste es vivir arrastrándose cuando hemos sido creados para volar!

Por esa razón, la palabra *Hesed* se ha convertido en algo tan importante para mí, por eso quiero descubrir sus significados escondidos, porque *Hesed* representa la manera en la que Dios me ama. Pero, además, es la manera en la que Dios espera que yo ame a las personas que me rodean. Y, probablemente, ese es el orden correcto, porque no puedes amar a otros con *Hesed*, si no eres sacudido por el *Hesed* de Dios por ti.

Ser una persona llena de *Hesed* es mi llamado y también el tuyo.

DIOS QUIERE *HESED* Y NO SACRIFICIOS RELIGIOSOS

En la época en la que Jesús caminó sobre la tierra, el significado de la palabra *Hesed* se había distorsionado de tal manera en la mente de las personas que había dejado de producir el efecto para el cual Dios la pronunció. Satanás había logrado robarle el poder a ese término y lo había hecho a través de aquellos que debían haberla protegido. Lo hizo a través de los líderes religiosos, aquellos que se llamaban a sí mismos los «guardianes de la palabra de Dios», pero no supieron guardarla.

En varias ocasiones, en los Evangelios, leemos cómo Jesús fue duramente criticado por la élite religiosa después de relacionarse con gente estigmatizada por la religión: leprosos, publicanos, extranjeros, prostitutas y otro tipo de personas que estaban heridas por el desorden de su vida. Jesús se acercó a ellos cuando la religión aseguraba que esas personas debían ser aisladas. Pero, ante tal distorsión de los pensamientos de Dios, Jesús, la palabra de Dios encarnada, levantó su voz para recuperar el significado de una palabra que se había olvidado.

Vayan y traten de entender el texto que dice: «Misericordia quiero, no sacrificios». **Mateo 9:13**

Jesús dijo esto haciendo referencia al discurso profético de Oseas (Oseas 6:6), donde *Hesed* es traducido como «misericordia».

Lo que Jesús les estaba diciendo es: «Si no son capaces de entender el significado de *Hesed*, están perdiendo el epicentro del mensaje divino. Porque, más que los sacrificios rituales, las fiestas solemnes o las liturgias de culto; Dios quiere *Hesed*. Dios desea ver encarnado en ustedes un amor lleno de compasión, leal y tierno, un amor que no se rinde con las personas difíciles, que persiste en abrazarlas hasta que lo que está roto en ellas se funda con el calor del *Hesed*. Dios anhela que practiquen el *Hesed* los unos con los otros, antes de que practiquen cualquier otro asunto religioso. Si no entienden esta prioridad de Dios, no representan correctamente a Dios en este mundo. Vayan y aprendan lo que significa esta palabra, háganlo por devoción a Dios y por sus propósitos en este mundo».

Jesús dijo esto muchas veces y de muchas maneras a los líderes religiosos, lo dijo tanto que por eso querían matarlo.

Y creo que, aún hoy, sigue diciéndolo.

Sigue gritándolo con lágrimas.

LA PRIORIDAD EN LA ESCUELA DE JESÚS

En otra ocasión, un maestro de la Ley divina le preguntó a Jesús cuál era el mandamiento más importante. Le hizo esta pregunta porque cada maestro priorizaba unos mandamientos sobre otros y estos matices distinguían las diferentes escuelas rabínicas de su época. Algunas escuelas priorizaban cierta manera de vestir, otras, el modo de hacer los rituales de purificación y otras, determinadas restricciones del *Shabat*. ¡Había tantas escuelas como formas diferentes de interpretar un mandamiento! Y todas estaban divididas y creían que eran mejores que las otras. A Jesús eso le enfurecía muchísimo, porque mientras los maestros de la Ley priorizaban detalles secundarios de la Ley divina, como diezmar hasta la última hoja de menta de su jardín, se olvidaban de lo principal: hacer *Hesed*.

Ante la pregunta del maestro, Jesús dio una respuesta que marcaría la prioridad de su escuela rabínica:

Amar a Dios con todo el corazón, con todo el entendimiento y con todas las fuerzas, y amar al prójimo como a uno mismo, es más importante que todos los holocaustos y todos los sacrificios. **Marcos 12:33**

Jesús fue claro: todo el mensaje divino se resume en un mandamiento que tiene dos direcciones: «amar a Dios» y «amar al prójimo». En definitiva, se trata de dos relaciones, una vertical y otra horizontal, con Dios y con las personas. No obstante, no son dos mandamientos, sino uno solo. Y si alguno intenta cumplir una dirección, ignorando la otra, fracasa completamente.

Jesús añadió que amar en estas dos direcciones es más importante que todos los sacrificios y holocaustos que se hacían en el templo de Jerusalén. Quizá esta afirmación no te resulte muy impactante, pero fue estremecedora para los oídos de los judíos que la escucharon en aquel momento. Entiende esto: toda la identidad judía estaba ligada al templo de Jerusalén y a los rituales que se hacían en él. La ciudad

JESÚS CAMBIÓ EL FOCO DE LA RELIGIÓN A LA RELACIÓN

giraba en torno al mismo, era el edificio de referencia y la razón por la cual judíos de todos los lugares peregrinaban anualmente a Jerusalén. Esos sacrificios y holocaustos se habían convertido en su identidad nacional, en lo que los distinguía de los demás pueblos, lo que los hacía especiales a sus ojos. Entonces Jesús se pone a la puerta de ese lugar y señalándolo con el dedo dice: «A Dios le importa bastante poco toda la sangre animal que derraman en ese altar si se olvidan del amor. El templo es lo que mueve el corazón de ustedes, pero el amor es lo que mueve el corazón de Dios».

Era normal que cada vez que Jesús abría la boca, la religión quisiera matarlo. Porque Jesús cambió el foco de la religión a la relación, de los sacrificios a la misericordia y del templo a las personas. Demasiado revolucionario para entonces y para ahora.

RECUPERAR EL SIGNIFICADO DEL AMOR VERDADERO

Admito que tiemblo al pensar que un día estaré cara a cara con Jesús y él me mirará con esos ojos que traspasan el alma y lo dejan todo al descubierto. Tiemblo porque ese día habré de rendir cuentas por cómo he vivido la vida que se me ha concedido sobre esta tierra y, en ese encuentro con Jesús, habrá una pregunta que superará a todas las demás, la pregunta principal en la escuela de Jesús:

«Itiel, ¿amaste a las personas?».

Creo que en esa conversación con Jesús el amor será la regla para medir la grandeza de mi vida. La manera en la que traté el corazón de las personas que me rodean arrancará un aplauso de los ángeles o les hará mirar a otro lado avergonzados por mi mediocridad. Y aunque sé que el amor de Jesús por mí es suficiente para salvarme, quiero percibir en su mirada una expresión de satisfacción.

Por eso, estoy inquieto con esta cuestión a la que me gustaría responder, en este libro: ¿qué es amar de verdad a las personas que me rodean?

Porque este mundo habla de amor, pero no se parece a *Hesed*.

Alguien dice que ama a sus hijos mientras es infiel a su esposa; otro dice que ama a sus padres mientras les hace pasar noches sin dormir a causa de su estilo de vida; otro asegura que la ama tanto que por eso la controla, revisa todos sus mensajes y, a veces, le grita. He escuchado a muchos decir que dar sexo es dar amor, así como que hay que respetar todas las maneras diferentes de amar de las personas. Pero quizá lo que más me asusta oír es que en el amor todo vale.

¡Pero no! ¡No todo vale!

Ese tipo de amor es una distorsión, ese amor no es el original. No es más que otra falacia de la Serpiente.

¿Por qué?

Porque si desligas el amor de la verdad, deja de ser amor verdadero.

Porque si desligas el amor de la fidelidad, deja de ser amor verdadero.

Porque si desligas el amor de la responsabilidad, deja de ser amor verdadero.

No puedes castrar la palabra *Hesed*, tienes que aceptarla con todas sus implicaciones; de lo contrario, no tendrás amor verdadero.

Y de eso tratan las siguientes páginas, de descubrir las conexiones del amor con el sacrificio, el perdón, la espera, la honra y otras virtudes que componen el mosaico de lo que es el amor verdadero en las relaciones importantes de nuestra vida. A través de diferentes historias de la Biblia, buscaremos la respuesta a la pregunta con la que comenzó este capítulo.

Oro para que descubras lo que es *Hesed* y para que ese tipo de amor te posea. Para que, como dijo San Agustín, el obispo de Hipona en el siglo IV: «Ames y hagas lo que quieras: si callas, calla por amor; si gritas, grita por amor; si corriges, corrige por amor; si perdonas, perdona por amor. Que exista dentro de ti la raíz de la caridad; de dicha raíz no puede brotar sino el bien».

UNA GENEALOGÍA ESCANDALOSA

JESÚS PUEDE ESCRIBIR UN NUEVO CAPÍTULO EN TU HISTORIA

AMA HASTA QUE TE DUELA. SI TE DUELE ES BUENA SEÑAL.

MADRE TERESA DE CALCUTA

02

UNA GENEALOGÍA ESCANDALOSA

Estos son los antepasados de Jesucristo, descendiente de David y de Abraham: Abraham fue el padre de Isaac, Isaac de Jacob y Jacob de Judá y sus hermanos. Judá tuvo con Tamar a Fares y a Zera; (...) Booz tuvo con Rut a Obed y Obed fue el padre de Isaí. Isaí fue el padre del rey David, y David tuvo a Salomón, cuya madre fue esposa de Urías. Salomón fue el padre de Roboán (...) Jacob fue el padre de José, esposo de María, y María fue la madre de Jesús, el Mesías.

Mateo 1: 1-3, 5-7, 16

El Evangelio de Jesús comienza con una genealogía.

Para muchos, un aburrido listado de nombres sin ninguna transcendencia. Es probable que al comenzar la lectura te hayas saltado ese listado tan largo. Quizá le has dado un vistazo rápido hasta llegar a la verdadera acción, al nacimiento de Jesús. Yo lo he hecho muchas veces, hasta que comprendí que esa genealogía conecta la historia de Dios con la historia de nuestros fracasos humanos. Y al comenzar así el Evangelio, Dios esconde un mensaje.

Para descodificar el mensaje oculto en esta genealogía, debes comprender primero de qué se trata el Evangelio. Para resumir, narra la llegada del amor verdadero al mundo, que es Dios haciéndose parte de la historia humana encarnándose en Jesús.

Me emociona pensar en esto: que Jesús es la palabra de Dios hecha carne, la palabra *Hesed* metiéndose dentro de piel y hueso, el amor divino caminando sobre la tierra, tocando a los leprosos, besando a los niños y abrazando a las prostitutas.

Jesús es *Hesed* en acción.

Por lo tanto, si quieres saber cómo habla el amor, solo tienes que mirar cómo hablaba Jesús. Si quieres saber a qué le da prioridad el amor, solo tienes que mirar a qué le daba prioridad Jesús. Si quieres saber qué enfurece al amor, solo tienes que mirar qué enfurecía a Jesús. En definitiva, Jesús es la forma que tiene el amor de verdad y cualquier otra forma es una distorsión.

Sorprendentemente, aunque el protagonista del Evangelio es Dios, éste comienza con una genealogía escandalosamente humana porque Dios no quiere desconectar su historia de la nuestra.

Detrás de cada nombre se esconde una historia.

Historias reales, de gente real.

Y tenemos que abrazar esta genealogía tal y como es: como el testimonio honesto y sin censura de que Jesús nació en una familia desestructurada.

Y sin duda, cuando Dios conecta la historia de Jesús con la historia de sus antepasados, es porque intenta decirnos algo.

UN CURRÍCULUM VERGONZOSO

En la cultura occidental actual, nos recomendamos a través de nuestros títulos académicos, nuestra belleza o logros profesionales; ese es el currículum que le dice al mundo quiénes somos. Sin embargo, en la cultura judía, en la época en la que nació Jesús, su currículum era su genealogía. En aquellos tiempos, la historia de tu linaje, es decir, el registro de las personas con las que estabas conectado a través de las generaciones que te precedían, era lo que constituía tu currículum. Por lo tanto, la genealogía era una manera de decirle al mundo: «Este soy yo». La genealogía era algo realmente importante y te posicionaba socialmente.

Por esta razón, la gente acostumbraba a ocultar los episodios oscuros de sus ancestros para intentar impresionar a los demás con la alta respetabilidad de sus raíces. Es como hacemos hoy en día con nuestras debilidades: quitamos el foco de aquello que nos avergüenza, maquillamos nuestras imperfecciones o le ponemos un filtro a las fotos donde no salimos favorecidos. Queremos mostrar al mundo la mejor versión de nosotros mismos.

Pero el Evangelio comienza haciendo todo lo contrario con Jesús: lo presenta al mundo con una genealogía llena de episodios oscuros. La descripción de la llegada del amor de Dios al mundo es precedida por el sonido de nombres que evocan historias para olvidar. Su genealogía está al descubierto para el mundo y es una lista de personas que fracasaron estrepitosamente en sus relaciones interpersonales, que fracasaron en el arte del amor.

Solo señalaré aquí unos pocos acontecimientos bochornosos de los ancestros de Jesús:

Jesús fue hijo de Abraham, que por cobardía entregó a su esposa Sara a un gobernante pagano, haciéndola pasar por su hermana, para no poner en riesgo su propia vida.

Jesús fue hijo de Jacob, quien usurpó la bendición de primogenitura a su hermano Esaú, engañando a su padre ciego al hacerse pasar por su hermano.

Jesús fue hijo de Lea, ignorada por un marido que se sintió presionado a casarse con ella, y cuyo corazón le pertenecía a su hermana Raquel.

Jesús fue hijo de Judá, que participó con sus hermanos en la venta de José, el hermano menor, como esclavo a los egipcios, mientras hacían creer a su padre que una bestia salvaje lo había devorado.

Jesús fue hijo de Fares, que fue producto de un incesto de Tamar con su suegro.

Jesús fue hijo de Rahab, una prostituta.

Jesús fue hijo de David, quien se obsesionó con Betsabé, la esposa de uno de sus amigos, y, forzándola, se acostó con ella y la dejó embarazada, sumando a ese acto el asesinato de su esposo para ocultar su adulterio.

Jesús fue hijo de Salomón, que, seducido por el placer, tuvo cientos de esposas paganas que terminaron inclinando su corazón a la idolatría.

Podría continuar, pero me detendré aquí.

Como comprobarás, no exagero al decir que esta genealogía apunta a una historia familiar llena de incidentes, traiciones e inmoralidades tan escandalosos que cualquier rey hubiese querido ocultarlos en favor de su imagen personal. Pero Jesús no. A él no le importa ser presentando con una genealogía llena de personas que fracasaron en sus relaciones humanas, que no aprobaron la asignatura del amor.

Ese es su vergonzoso currículum.

Así se presentó al mundo.

Pero, ¿por qué?

Porque con esta genealogía Jesús está transmitiendo un mensaje de esperanza a todos aquellos que hemos fallado en nuestras relaciones humanas, que no hemos estado a la altura de las demandas del amor verdadero. Nos dice: «Soy hijo de Dios, pero también soy hijo de una humanidad que ha fracasado en sus relaciones como padres, esposos, hijos y hermanos. Puedo identificarme con cada uno de sus traumas, sentir lo que siente una mujer violada, un hijo no deseado o un padre engañado. Soy Dios, pero me he metido dentro de piel humana para sentirlos, experimentarlos y sufrirlos».

Lo que grita esta genealogía es que Jesús se identificó con el historial de fracasos de sus ancestros y puso su nombre al final. Aun cuando parecía imposible sacar algo bueno de una historia así, Jesús nació y comenzó un nuevo capítulo.

¡Y eso es lo que Jesús quiere hacer contigo!

Quiere nacer en ti.

Porque cuando Jesús nace en una vida, por muy desastrosa que sea su historia de relaciones interpersonales, él puede comenzar un nuevo episodio. Jesús sigue identificándose con tu genealogía, con la lista de tus errores como hijo, o como hermana, y toma ese registro y pone su nombre al final. Lo que quiero decir es que él puede quebrar la maldición de tu pasado y bendecir tu futuro. Porque cuando Jesús nace en una relación, aunque esté en ruinas, él puede reconstruirla. Su amor perfecto puede hacerlo todo nuevo.

Después de entender esto, cada vez que comienzo la lectura del Evangelio, leo cada uno de esos nombres. Porque he entendido que al igual que en un mosaico, cada pieza singular dibuja una imagen más grande.

SU HISTORIA

He leído la Biblia varias veces y tengo que confesar que me he perdido en muchas ocasiones. Es fácil perder la línea argumental central distrayéndote con los detalles.

Creo que es por eso que muchos han optado por usar la Biblia como un libro de instrucciones, algo así como un manual para la vida religiosa o un compendio de leyes divinas.

Admito que es más sencillo así:

La abres por alguna parte.

Diseccionas a Dios en forma de doctrinas.

Extraes algunas ideas para mejorar tu vida.

Amplias tu listado de tareas.

Y la cierras sin que te haya hecho temblar el alma.

Abres y cierras el libro sin que inflame tu corazón, sin que te conmueva las entrañas, sin que te erice la piel.

¿Por qué? Porque has perdido el hilo conductor, has perdido aquello que la hace fascinante: la historia detrás de las historias.

Como dice un amigo mío: «Si al leer la Biblia ésta no te lleva al asombro o te intimida, entonces no estás entendiendo lo que lees».

Si lees la Biblia sin entender lo que lees, te producirá el mismo efecto que leer el manual de instrucciones de un electrodoméstico. Pero, si entiendes que la Biblia es una historia, el relato desgarrador, emocionante, violento, tierno, polémico y cautivante de un Dios que ama a la humanidad, entonces te enganchará.

Las buenas historias siempre atrapan y esta es la mejor historia de todas.

Pero permíteme ser claro: aunque es una historia de amor, no se trata de un cuento sentimentalista, sino que expone la belleza y la crudeza del amor verdadero. Así como es en realidad. Sin censuras. Porque en este relato «*amor*» se escribe como «*sacrificio*», con letras rojas empapadas en sangre. Porque el protagonista de este libro se atrevió a amarnos hasta las últimas consecuencias.

No he conocido un amor más valiente que este.

NUESTRAS HISTORIAS

Aunque ese romance divino es el argumento principal, también es una historia acerca de nuestras relaciones humanas, un conjunto de microrrelatos dentro de la gran historia que exponen nuestros esfuerzos por encontrar pareja, lidiar con las tensiones en la familia, ser leales a nuestra tribu, ser justos con los débiles o perdonar a los que nos han hecho daño. También habla acerca de cómo gestionamos en nuestro corazón las emociones tóxicas como el ardor de la lujuria, el ansia de control, el deseo de venganza, la obstinación del orgullo o la inconformidad de la envidia. Y, finalmente, nos muestra el gran desafío que supone amar en un mundo corrompido por el pecado o, mejor dicho, el gran desafío que supone amar con un corazón corrompido por el pecado.

Sinceramente, este libro sagrado narra algunos éxitos humanos en el gran desafío del amor, pero expone muchos más fracasos. Por lo tanto, si esperas encontrar en sus páginas romances idílicos, familias perfectas o relaciones inquebrantables, te vas a llevar una gran decepción. Porque son relatos honestos, que, en los mejores casos, muestran a gente imperfecta haciendo sus mejores esfuerzos por amar a los demás, pero que, en los peores casos, muestran la crudeza del egoísmo humano destruyéndolo todo a su alrededor.

Por eso, si lo que quieres es hacer volar tu imaginación a través de un mundo de fantasía, no leas la Biblia, porque en ella te vas a encontrar de frente con la cruda realidad de la naturaleza humana, una realidad que es tan pertinente hoy como lo fue entonces.

SI LO QUE QUIERES ES HACER VOLAR TU IMAGINACIÓN A TRAVÉS DE UN MUNDO DE FANTASÍA, NO LEAS LA BIBLIA

En definitiva, la Biblia pone en evidencia estas dos realidades. Por una parte, revela nuestra insuficiencia para amar y cómo fracasamos constantemente ante los desafíos que se nos presentan a la hora de amar al prójimo. Por otra parte, descubre a Jesús como el perfecto amante, capaz de llevar la expresión del amor a su máximo potencial, desplegando ante nosotros una extensa gama de matices de lo que significa amar a los demás.

EL AMOR DE DIOS EN NOSOTROS Y A TRAVÉS DE NOSOTROS

Una vez expuesto esto podrías preguntarte: si nuestro corazón corrompido es tan incapaz de amar completamente, ¿qué sentido tiene intentarlo? Podrías desanimarte ante la realidad de tu condición y rendirte ante los desafíos que implican las relaciones de tu vida. Podrías abandonarte a la mediocridad de amarte tan solo a ti mismo. Sin embargo, Dios te hace una promesa que debería impulsarte a persistir en el desafío de amar: Jesús nacerá en ti.

Dios no espera que amemos a los demás impulsados por el poder de nuestro amor, él espera que amemos a los demás impulsados por el poder del amor de Jesús actuando a través de nosotros. Esta no es solo una frase poética, es una promesa. Dios nos promete hacer morar el espíritu de Jesús en nosotros para convertirnos en amantes como él, y es a través de ese espíritu que nos da poder para amar, cuando amar parece imposible desde una perspectiva meramente humana.

Quiero ser enfático con esto: no podemos amar como Jesús confiando en nuestras propias fuerzas, solo podemos amar como Jesús si él nace en nosotros. Aun tus mejores esfuerzos, tus más nobles intenciones o la disciplina de tus virtudes serán insuficientes para una tarea tan grande como amar como Jesús lo hizo. Es necesario abatir nuestra presunción y admitir que, si Jesús no nace en nosotros, no hay redención para nuestro historial de fracasos. Si Jesús no nace en nosotros, nuestras insuficiencias añadirán un bochornoso capítulo más a nuestra genealogía familiar.

NO PODEMOS AMAR COMO JESÚS CONFIANDO EN NUESTRAS PROPIAS FUERZAS

Pero si Jesús se te mete dentro, su amor es capaz de impulsarte a hacer grandes proezas, hazañas; actos heroicos como perdonar a un enemigo, ser fiel a tu cónyuge hasta la muerte, honrar a tus padres imperfectos o sacrificarte por el beneficio de otro. Me refiero a esas acciones excepcionales que, en un mundo acostumbrado al egoísmo, harán que las personas puedan intuir algo divino en tu forma de amar.

De eso se trata este libro que tienes en tus manos:

De dejar que el amor salvaje de Dios te posea.

De permitir que el amor de Dios se exprese a través de ti.

De amar peligrosamente y ser un amante.

¿Cómo quién?

Como Jesús, el amor de Dios expresado completamente a través de piel y hueso. No existe un amor más puro que ese, ni más provocador, ni más arriesgado, ni más atractivo.

AMAR COMO JESÚS DUELE

No sería justo contigo si antes de continuar no te hiciera una seria advertencia: amar como Jesús duele. Aunque es el espíritu de Jesús en nosotros lo que nos da poder para amar como Dios espera que lo hagamos, este tipo de amor duele. Duele mucho y Dios no nos anestesia.

Hace unos años atrás, viajé por primera vez a Jerusalén. Estaba emocionado mientras pensaba que iba a visitar los lugares que fueron testigos de los acontecimientos que tantas veces había leído en los Evangelios. Los tenía idealizados en mi mente y mi expectativa era grandísima. Sin embargo, aunque algunos de esos lugares trasladaron mi alma a la presencia de Dios, otros me trasladaron más bien a un centro comercial en un día de rebajas. Tuve la desagradable sensación de que algunos de esos lugares habían sido convertidos en una especie de atracción religiosa en un parque temático gigante.

Uno de los lugares donde tuve esa sensación fue el Huerto de Getsemaní.

Había tanta gente que, literalmente, me presionaban por todos lados y en todos los idiomas. Me empujaban y me daban pisotones mientras intentaban hacerse una selfie con un árbol de olivo de fondo. Además, hacía tanto calor que podía oler el sudor de las axilas del extraño que tenía a mi lado. Todo ello, mientras oía a los guías turísticos gritar sus explicaciones: «Aquí Jesús vivió una de sus noches más oscuras»; y un vendedor añadía de fondo: «Vendo _Tallit_ barato».

Horrible.

Pero al llegar a mi habitación, intentando mejorar de alguna forma una experiencia tan artificial, abrí mi Biblia por el pasaje que relata lo que Jesús vivió en ese lugar, y entonces sí, desde aquella habitación, sentí que mi alma se trasladaba a la realidad de lo que ocurrió en esa noche de dolor.

La noche en la que a Jesús le dolió amarnos.

Entonces se alejó de ellos a una buena distancia, se arrodilló y se puso a orar: «Padre, si quieres, no me hagas beber este trago amargo. Pero que no se haga lo que yo quiero, sino lo que tú quieres». En ese momento, un ángel del cielo se le apareció para darle fortaleza. Estaba tan angustiado, que se puso a orar con más intensidad, y su sudor caía a tierra como grandes gotas de sangre. **Lucas 22:41–44**

No exagero al decir que esa noche en Getsemaní fue el momento donde se iba a decidir si habría futuro para nuestra relación con Dios. Miles de años antes, en un huerto, un hombre llamado Adán decidió cruzar un límite que Dios había establecido en su relación con él. El resultado fue una ruptura que nos afectó a todos, los descendientes de Adán. El primer nombre de nuestra genealogía esconde una historia tristísima, la historia de cómo una mala decisión puede destruir la relación más importante. Pero esa noche, en otro huerto, un hombre llamado Jesús iba a decidir si esa relación merecía todo el dolor que implicaba salvarla.

Decimos que Jesús ganó la batalla por nuestra salvación en la cruz, y es cierto, sin embargo, su sacrificio en la cruz fue el resultado externo de una batalla interna que él ya había ganado unas horas antes en Getsemaní. Creo que todos podemos identificar una batalla similar en nuestra mente en algún momento de nuestra vida.

Una relación está rota y es obvio que la responsabilidad no es tuya, sino de la otra persona. Te ha traicionado, no ha sido responsable o te ha ofendido de alguna manera. Pero es una relación importante y eres consciente de su valor. Getsemaní es ese conflicto en tu mente que te hace cuestionarte: ¿merece la pena sufrir el dolor que implica salvar esta relación?

Cuando hablo del dolor que implica salvar una relación, hablo de algo difícil de explicar con palabras, pero que nuestra alma entiende muy bien. Hablo de ese dolor que supone perdonar al padre que en tu infancia acercó más sus labios a la botella que a tus mejillas, hablo del sufrimiento de tragarte todas tus razones para alejarte de esa esposa cuyas palabras han sido puñales, hablo de la angustia de borrar el registro de *WhatsApp* que podría ser usado en su contra. Seguro que tu alma sabe de lo que hablo.

Getsemaní duele.

Getsemaní era un huerto de olivos donde Jesús acostumbraba a tener comunión con su padre. Pero, en esa noche, Getsemaní no era un lugar de comunión, era un lugar de decisión. El nombre Getsemaní deriva de la unión de dos palabras en arameo, cuya traducción al español sería: «lugar del prensado de aceite». En ese huerto, se prensaba la oliva para obtener el aceite tan necesario para la vida en Jerusalén; pero, esa noche, lo que se estaba prensando era el corazón de Jesús.

Un historiador judío me explicó que, en la cultura hebrea de aquella época, se hacían tres prensados de la oliva recolectada, tres prensados de los que se obtenían tres aceites diferentes para usos distintos. El primer prensado era el que se hacía con el peso de las propias olivas, presionándose unas contra las otras. Este primer aceite, considerado el más puro, era recogido para ser usado en los rituales sagrados del templo. El segundo prensado era hecho usando la fuerza de un cuerpo humano. Este segundo aceite, de gran calidad y buen sabor, se usaba para el alimento del pueblo. El tercer prensado era hecho usando pesas de piedra que ejercían una gran presión, tanta que trituraban completamente la oliva y su hueso. Este tercer aceite era amargo, por lo que se usaba como combustible para las lámparas que iluminaban la ciudad.

Es interesante destacar que el Evangelio narra que Jesús oró hasta tres veces al Padre en Getsemaní, en tres fases diferentes, cada vez bajo una mayor presión. El texto dice que Jesús estaba sometido a una presión interior tan grande que sudaba sangre. El lector podría equivocarse al interpretar que esto no es más que una expresión poética del autor, pero no lo es, Jesús literalmente sudó sangre. Los médicos lo llaman «hematohidrosis»: el estado físico en el que, cuando la presión interior es tan alta, la ansiedad y el terror tan insoportables, el corazón bombea sangre con tanta agresividad que los pequeños capilares venosos de la piel explotan, liberando sangre que se escurre a través de los poros de la piel.

¿Puedes imaginarte la presión a la que estaba siendo sometido Jesús? El Padre le estaba revelando a Jesús el tipo de dolor que debería soportar para salvar nuestra relación, le mostró el látigo que despedazaría la piel de su espalda, la corona que se clavaría en su sien y los clavos que triturarían sus extremidades. Pero, sobre todo, le dejó oler la «Copa de la Ira», un símbolo profético del juicio de Dios contra el pecado, que Jesús debería beber en esa cruz si quería reconciliarnos.

Esta escena me hace pensar en un comentario que me hizo mi esposa después de regresar del dentista. Me dijo: «Si antes de ir hubiese sabido lo que me iba a doler, no hubiese ido». Creo que por eso el Padre consideró que era justo hacerle saber a Jesús lo que le iba a doler reconciliarnos con Dios, para que Jesús pudiese decidir si ir o no.

Lo que estoy intentando transmitirte es que en Getsemaní el amor no versa sobre sentimentalismo, sino que se trata de tomar una decisión: ¿esa relación merece todo el desgarro, toda la humillación y toda la agonía que supone salvarla?

Y Jesús respondió «sí».

Porque la presión siempre saca hacia fuera lo que tienes dentro.

Jesús fue prensado y destiló un amor tan valiente que se atrevió a sufrir la cruz para recuperarnos.

Amor líquido brotó a través de la piel de Jesús en forma de grandes gotas de sangre, y esas gotas de amor regaron nuestra relación marchita. Una relación que crece, crece y crece hasta que llegue a convertirse en un vergel, en el paraíso perdido.

Tanto amor destiló Jesús en la prensa de Getsemaní que es suficiente para alimentar nuestra alma hambrienta y para iluminar el mundo.

> **AMOR LÍQUIDO BROTÓ A TRAVÉS DE LA PIEL DE JESÚS EN FORMA DE GRANDES GOTAS DE SANGRE**

Y, créeme, cuando llegue el momento de la presión, también saldrá de ti lo que tienes dentro.

TU GETSEMANÍ

Por lo tanto, si te propones amar como Jesús lo hizo, ayudado por el espíritu de Cristo en ti, no tendrás más remedio que sufrir tus propios Getsemanís.

Podrías protestar diciendo: «¿Y si no siento amar de esa manera?».

Pero querido lector, hasta aquí, ¿quién ha hablado de sentimientos? La verdad es que el amor no puede ser simplemente un sentimiento, porque no se puede dar una orden a un sentimiento. Y Dios nos da la orden de amar como él ama.

Por ejemplo, cuando era pequeño, mi madre me ordenaba que comiese las verduras, pero no me ordenaba que me gustasen. ¿Por qué? Porque comer verduras es una acción, pero que me gusten es una sensación. Lo que quiero decir es que amar no puede ser simplemente un sentimiento, porque Dios no puede ordenarnos que sintamos algo. Amar es una acción. Y si es una acción, tenemos poder para decidir hacerlo o no hacerlo.

Créeme, aunque amar no siempre te guste, aunque no siempre sientas hacerlo, es una acción tan poderosa que puede transformarte y transformarlo todo a tu alrededor. Simplemente escribiendo estas palabras oigo mi corazón latir con fuerza dentro de mi pecho, como si mi alma gritase: «Itiel, fuiste creado para esto». Y así es, no existe una encomienda más grandiosa y que te dé más sentido que amar de verdad, aunque suponga algún tipo de sacrificio, porque fuiste creado para esto.

03

PIEL CON PIEL

C
O
N
E
X
I
Ó
N

NADIE ES UNA ISLA POR COMPLETO EN SÍ MISMO. CADA HOMBRE ES UN PEDAZO DE UN CONTINENTE, UNA PARTE DE LA TIERRA LA MUERTE DE CUALQUIER HOMBRE ME DISMINUYE, PORQUE ESTOY LIGADO A LA HUMANIDAD; Y, POR TANTO, NUNCA PREGUNTES POR QUIÉN DOBLAN LAS CAMPANAS: DOBLAN POR TI. JOHN DONNE

LA CONEXIÓN ES CUESTIÓN DE SUPERVIVENCIA

Dios el Señor dijo: «No es bueno que el hombre esté solo. Le voy a hacer una compañera que sea de ayuda para él en todas sus necesidades». Dios el Señor formó, del polvo de la tierra, todos los animales del campo y todas las aves del cielo. Luego se los llevó al hombre para que este les pusiera nombre. Así que el hombre les puso a todos los animales el nombre con que se conocen en la actualidad. Pero entre todos esos animales no se encontró ninguno que le sirviera al hombre de pareja adecuada.

Entonces Dios el Señor hizo que cayera sobre el hombre un sueño profundo, le sacó una costilla y cerró la carne en el lugar de donde la había sacado. Con la costilla hizo a la mujer y se la llevó al hombre.

Génesis 2:18-22

Los primeros capítulos de la Biblia describen el momento en el que Dios desplegó todo su poder creativo.

Dios dijo y de la nada fue hecho.

Espacio, tiempo y materia surgieron de la palabra de Dios.

De esa esencia está hecha cada partícula del universo, del sonido de la voz de Dios, sea lo que sea que eso signifique.

Los científicos creen que hubo un momento en el que «se hizo la luz» y se liberó una gran cantidad de energía en forma de una especie de mar cuántico, una sopa primigenia de interacciones energéticas donde empezaron a surgir las primeras partículas fundamentales del universo. A través de un larguísimo proceso, dirigido por las leyes de la física determinadas por la mente divina, desde el caos inicial comenzaron a surgir los primeros átomos de hidrógeno, el elemento más básico y ligero que existe.

Esos primeros átomos fueron atrayéndose los unos sobre los otros, cientos, miles, millones y billones de ellos, presionándose mutuamente, hasta que, en un momento determinado, prendieron la primera chispa de los hornos nucleares más potentes del cosmos: las estrellas.

Al formarse una estrella, en su interior comienzan a producirse reacciones de fusión nuclear, un proceso físico en el que la presión de la gravedad fusiona los átomos y los convierte en átomos nuevos, transformando elementos ligeros en elementos más pesados, liberando en el proceso una gran cantidad de energía en forma de luz y calor. El combustible primario es el hidrógeno, que a través de su fusión nuclear se convierte en helio, añadiéndole más presión interior al horno de la estrella. Cuando la temperatura en el centro de una estrella llega a varios millones de grados, ocurre la transformación del helio al carbono, después del carbono al oxígeno y así progresivamente, mientras la estrella ilumina la oscuridad del espacio. Si la presión interior crece aún más, pueden formarse otros elementos más pesados como el Magnesio, Azufre, Silicio, Níquel, Cobalto o Hierro. Es decir, la mayoría de elementos que conforman las galaxias se fabrican dentro de las estrellas, a lo largo de un proceso de fusión nuclear de millones de años de duración.

En un momento determinado, cuando se consume todo el combustible disponible dentro de la estrella, sumándole su tamaño y temperatura extremos, la estrella colapsa sobre sí misma y estalla en forma de una gran explosión cósmica que se conoce como una supernova. Ese estallido genera tanta energía que vuelve a fusionar algunos átomos de la estrella, convirtiéndolos en los elementos más pesados que conocemos, como el oro. Por esa razón, si alguien te regala un anillo de oro, recuerda que en tu dedo llevas los restos de una estrella que un día murió.

Esta supernova lanza al espacio un «huracán de polvo estelar», conocido como nebulosas, que está compuesto de esos materiales fundamentales, esos ladrillos en forma de átomos con los cuales se construye todo. La materia pesada se va agrupando y condensando nuevamente, formando una nueva estrella a partir de los elementos de la estrella que explotó, y alrededor de esta nueva estrella se forman los asteroides, los satélites y los planetas. Planetas como la Tierra.

POLVO Y ESPÍRITU

En la lectura del texto bíblico podemos observar cómo Dios avanza hacia niveles más complejos en su creación, desde la energía a la materia, desde los minerales a la vida orgánica, desde los vegetales a los animales; incrementándose la complejidad de su creación, que comienza estando desordenada y vacía hasta convertirse en algo perfectamente estructurado y lleno de vida.

La existencia de las leyes que dinamizan el universo y proveen el orden que sustenta la vida es una de las evidencias más poderosas que apuntan a la existencia de un diseñador inteligente. Cuanto más aprendo sobre el ajuste fino de cada una de las variables cosmológicas, que son necesarias para la vida, más maravillado me siento con la mente de Dios.

> **EL ORDEN QUE SUSTENTA LA VIDA ES UNA DE LAS EVIDENCIAS MÁS PODEROSAS QUE APUNTAN A LA EXISTENCIA DE UN DISEÑADOR INTELIGENTE**

Sin duda, en este viaje hacia el conocimiento, la ciencia me ha acercado aún más a Dios.

El poema de la creación concluye con una preciosa imagen de Dios creando al ser humano, como si fuera un artista modelando su obra maestra. Dios metió su mano en el polvo de la tierra y se involucró de una manera especial en el diseño del ser humano. Me gusta pensar que se manchó las manos al crearnos a nosotros, como un alfarero se mancha cuando da forma al barro sobre el torno.

Entonces Dios el Señor formó el cuerpo del hombre del polvo de la tierra y sopló en su nariz el aliento de vida. Fue así como el hombre se convirtió en un ser vivo. **Génesis 2:7**

Hay algo en la unión del conocimiento científico y el conocimiento teológico sobre nuestro origen que me resulta poético. Cuando la Biblia dice que Dios formó nuestro cuerpo a partir del polvo de la tierra, en base a la explicación anterior, lo hizo usando los elementos que se forjaron dentro del horno de las estrellas y fueron liberados cuando explotaron. En otras palabras, Dios nos formó a partir del polvo de las estrellas. En nuestra piel se hayan los átomos que hace eones formaron parte de las entrañas de las estrellas, que un día murieron para proveer la fibra con la que Dios nos esculpiría a nosotros.

Por la tanto, cuando mires al cielo en una noche estrellada, asómbrate al pensar que formas parte de la historia del universo, pero que además la historia del universo forma parte de ti.

Estás hecho de polvo de estrellas.

Sin embargo, dentro de nosotros encontramos un anhelo que no puede ser satisfecho con nada hecho de polvo. Deseamos algo que está más allá de los átomos, más allá de las estrellas, más allá de las galaxias e incluso más allá del universo mismo. Porque nosotros somos más que polvo de estrellas, por muy emocionante que pueda sonar eso, somos más que materia. Dios mismo sopló su aliento de vida dentro de ese trozo de barro y puso dentro su espíritu. La divinidad depositó una parte de sí misma en nosotros que anhela desesperadamente conectarse con Dios.

Porque de esa manera nos creó Dios, para estar conectados con el universo y estar conectados con la divinidad.

Polvo y espíritu.

Somos átomos que contienen una parte de Dios mismo.

Somos un precioso trozo de barro que fue besado por Dios.

Pero nos desconectamos, porque cambiamos estar satisfechos con Dios por probar una fruta hecha de polvo. Desde aquellos días, nuestra alma ha pasado mucha hambre.

Hasta que llego Jesús.

RESPIRAR

Hemos sido creados con la necesidad vital de conectarnos con Dios.

Cuando Dios sopló su aliento de vida a través de nuestra nariz, no solo activó la respiración de nuestros pulmones, sino que además activó nuestra respiración espiritual.

Necesito respirar oxígeno, eso no lo olvido.

Sin embargo, para cuando me olvido de respirar el Espíritu, Dios me ha dejado un recordatorio en el sonido de mi respiración.

Israel tenía varias maneras de llamar a Dios y cada una de ellas contaba con un significado especial. Elohim, Adonai, Shaddai, El Olam y otros, cada uno de los cuales revelaba algo particular de la naturaleza y el carácter de Dios.

Sin embargo, el nombre especial con el que Dios se reveló a Moisés es YHWH. Este nombre encierra un misterio tan grande y llegó a considerarse tan sagrado que los líderes religiosos prohibieron pronunciarlo, salvo en algunos rituales muy específicos realizados por los sacerdotes, hasta que con el paso del tiempo se olvidó exactamente cuál era su pronunciación. Este olvido se acentuó por el hecho de que en la escritura en hebreo antiguo no existían vocales, por lo tanto, esas cuatro consonantes hebreas, conocidas como el «tetragrámaton», quedaron sin un sonido definido.

Distintos autores clasicos y contemporaneos apuntan a una relación fascinante entre este nombre sagrado y el sonido de la respiración.

Esas letras se pronunciarían una a una de la siguiente manera: *Yod – Heh – Vav – Heh*. Ahora bien, la *Heh* es una letra que representa el *ruah* divino, que significa soplo, viento o espíritu. Esta consonante es la que se repite en el nombre dos veces, lo cual da la impresión de que la «respiración» es la idea principal del nombre divino. Por lo que muchos rabinos creen que el sonido del nombre de Dios es aquel que se produce en el interior del ser humano cuando respira profundamente. Quizá por esa razón, durante siglos, cuando un escriba tenía que copiar el nombre sagrado, se detenía y respiraba profundamente.

Mientras lees este libro, estás respirando, pero además estás haciendo algo más importante, estás pronunciando el nombre de Dios. Aunque mantengas la boca cerrada, aunque seas ateo e incluso aunque te niegues a pronunciarlo, seguirás haciéndolo. Inevitablemente. Porque comenzamos la vida pronunciando el nombre de Dios en nuestra primera inhalación y terminamos la vida pronunciando el nombre de Dios en nuestra última exhalación.

No podemos vivir sin respirar, como no podemos vivir sin Dios. Es una necesidad fundamental.

Quizá por eso, el último verso de las ciento cincuenta canciones dedicadas a Dios en los Salmos concluye diciendo: *«¡Todo lo que respira alabe a YHWH!»* (Salmos 150:6).

La respiración de todo lo que vive adora su nombre, porque la respiración de todo lo que vive es su nombre.

NO ES BUENO

La conexión con Dios es una necesidad vital para los seres humanos, pero, aunque pueda sonar escandaloso (o casi herético), Dios nos ha creado con otra necesidad fundamental que ni siquiera él mismo puede satisfacer: la necesidad de conexión con otros seres humanos.

No es que Dios esté limitado en su poder o que no pueda hacer lo que él quiera, sino que el diseño que nos ha dado así lo requiere. Y Dios está en paz con eso.

Es interesante notar en el texto de Génesis que siempre que Dios progresaba en su creación, la Biblia dice: *«Y vio que era muy bueno»* (Génesis 1:31 NTV), sin embargo, al crear a Adán dijo: *«No es bueno».*

No es bueno que el hombre esté solo, le voy a hacer una compañera.
Génesis 2:18

Me resulta sorprendente que Dios dijera que algo de su creación no era bueno, teniendo en cuenta que lo dijo antes de la caída.

Parece que lo único que no era bueno en el paraíso era la soledad de Adán.

Entonces, ¿había algo defectuoso en Adán?

No había defecto, pero estaba incompleto.

Al mirar hacia arriba, podía adorar a Dios y, al mirar hacia abajo, podía gobernar sobre la creación; pero, al mirar a su lado, estaba solo.

La soledad de Adán «no era buena» en comparación con el resto de cosas creadas que estaban completas. Dios decidió crear a Adán con una necesidad fundamental, una necesidad que ni siquiera Dios podía suplir. Dios creó a Adán con la necesidad de compañerismo. Con la necesidad de conectarse con otros seres humanos.

Creo que sabes de lo que estoy hablando.

Anhelamos conexión verdadera, estamos desesperados por intimidad.

No me estoy refiriendo a que Dios nos creó con la necesidad de tener pareja sentimental, porque es posible sentirse completo sin ella; me estoy refiriendo a que Dios nos creó con la necesidad de tener comunidad, de relacionarnos con otros pares. Si carecemos de esa conexión humana, estamos incompletos.

Aterradoramente incompletos.

La soledad de Adán no era buena y Dios lo sabía desde el principio, pero quiso asegurarse de que Adán fuese consciente de esa necesidad. Por esa razón, antes de darle una compañera, le encomendó la tarea de ponerle nombre a los animales. Fue en ese momento cuando Adán lo notó, cuando sintió un vacío por primera vez que ni siquiera la presencia de Dios podía completar. Probablemente, sintió tristeza en el paraíso, cuando parecería imposible estar triste, siendo aquel un lugar tan impresionante, lleno de exuberante belleza, colmado de posibilidades divertidísimas y saturado de placeres. Pero es probable que Adán llegase a la siguiente conclusión: «¿De qué me vale tenerlo todo si no tengo a nadie con quien compartirlo?». Esa sensación de vacío era la estrategia divina para empujarlo a establecer una relación con otro. Y sigue empujándonos hasta el día de hoy.

Porque la soledad no era buena para Adán y no es buena para ti.

PIEL CON PIEL

Normalmente, hablamos del impacto que experimenta una madre el día del parto de su hijo, pero ¿has pensado en el impacto que experimenta el bebé al nacer?

Piénsalo.

Lleva nueve meses en un entorno protegido, envuelto en una bolsa llena de líquido amniótico, a temperatura estable, sin fricciones y con amortiguación de ruido. Conectado a su madre a través de un cordón umbilical, mediante el cual es constantemente nutrido y en un ambiente de luz atenuada.

El mero hecho de describirlo me da tranquilidad.

Y de repente, su mundo se rompe. Sale del vientre materno a un entorno desconocido para él, con sensaciones desconocidas para él.

Frío,

ruido,

luces,

y una sensación de dolor cuando el médico le da una palmadita en el trasero.

¿Puedes imaginarte el impacto emocional del bebé?

Las parteras son muy conscientes del estrés que está experimentando, saben que se siente desorientado y desprotegido. Por esa razón, desde el primer parto hasta hoy, apenas nacen, las matronas ponen al bebé sobre el pecho de la madre para hacerlo sentir conectado.

Eso se conoce como hacer un «piel con piel».

Antes de limpiarlo, incluso antes de vestirlo, la sabiduría milenaria de las parteras atestigua que ese contacto es vital para el alma del bebé.

Mientras el bebé está sobre la madre, con su oreja sobre su pecho, puede escuchar el sonido más familiar que conoce, el sonido de su paz: el latido del corazón de mamá.

DESDE QUE NACEMOS SEGUIMOS ANHELANDO DESESPERADAMENTE EXPERIMENTAR UN 'PIEL CON PIEL'

Hoy, después de muchos estudios científicos, sabemos que el «piel con piel» tiene múltiples beneficios para el bebé, pero los más inminentes son que le ayuda a regular la frecuencia respiratoria y cardiaca y la temperatura, le alivia la ansiedad que provoca el nacimiento y propicia el inicio de la lactancia materna. Y, por si todo esto fuera poco, está demostrado que el contacto piel con piel mejora sus habilidades cognitivas y ejecutivas, y aumenta su desarrollo físico, incluso años después de haberlo practicado.

Me atrevo a afirmar que, desde que nacemos, para el resto de nuestra vida, seguimos anhelando desesperadamente conexión, experimentar un «piel con piel» con otro ser humano, verdadera intimidad.

He comprobado que detrás de cada embarazo sorpresa de una adolescente hay un alma desesperada por conectar con alguien, detrás de cada acto estúpido de un joven en presencia de sus amigos, hay un alma desesperada por conectar con un grupo social, incluso detrás de cada conflicto entre hijos con sus padres, hay un alma desesperada por conectar con una autoridad. Todos ellos están intentando conectar, pero de la manera equivocada.

Todos nosotros anhelamos conectarnos con otros, aunque muchas veces no sabemos cómo y terminamos haciéndolo de la manera equivocada.

AISLAMIENTO

No es bueno estar solo. Aunque quizá sería más certero decir que estar solo es terrible. La soledad puede dejar tu alma inválida.

Es popularmente conocido que el aislamiento es una forma de castigo frecuentemente utilizado en numerosas prisiones de todo el mundo. Pero fácilmente puede convertirse en un medio de tortura.

En plena guerra fría, se rumoreaba que China utilizaba el aislamiento para manipular el cerebro de los prisioneros y parece que los gobiernos de Estados Unidos y Canadá estaban más que dispuestos a probar si la técnica era una buena arma de guerra. Sus departamentos de defensa financiaron una serie investigaciones que hoy en día serían muy cuestionadas.

Los investigadores pagaron a voluntarios, principalmente estudiantes universitarios, para que pasaran días o incluso semanas aislados en cubículos a prueba de ruidos y privados de cualquier contacto humano significativo. Su objetivo era reducir la estimulación sensorial al mínimo, lo que ellos podían sentir, ver, oír y tocar, y ver el comportamiento de los individuos cuando se les sometía a un aislamiento total.

El periodista Michael Bond, de *BBC Future*, resume en un artículo los resultados perturbadores que obtuvieron de ese experimento:

«Apenas pasadas unas horas, los estudiantes se volvieron increíblemente impacientes. Necesitaban estimulación. Comenzaron a hablar, cantar o recitar poesía para romper con la monotonía. Muchos se volvieron ansiosos o altamente sensibles. Su desempeño mental también se vio afectado a la hora de realizar pruebas de aritmética o de asociación de palabras. Los efectos más alarmantes fueron las alucinaciones.

Comenzaban con puntos de luz, líneas o formas y eventualmente se convertían en extrañas escenas, como ardillas marchando con sacos sobre sus hombros. Ellos no tenían control sobre sus visiones: uno de los hombres sólo veía perros; otro, bebés. Algunos también experimentaron alucinaciones sonoras, por ejemplo, una caja musical o un coro. Otros imaginaban que los tocaban y uno de los hombres sintió que una bala le impactó en el brazo. Cuando salieron del experimento, les resultó difícil librarse de este sentido alterado de la realidad, estaban convencidos de que el cuarto se movía o de que los objetos cambiaban constantemente de forma y tamaño».

Los investigadores tuvieron que detener el experimento abruptamente por la salud mental de los voluntarios. Esperaban poder observar a los sujetos durante varias semanas, pero la prueba fue acortada porque se los veía muy angustiados como para continuar. Muy pocos duraron más de tres de días.

Parecía claro que el aislamiento causaba un impacto profundo en los resortes fundamentales de la mente. Como si quitarle el contacto humano al alma fuese tan destructivo como quitarle el agua al cuerpo.

La conexión es cuestión de supervivencia.

DESCONECTADOS

Obviamente, las posibilidades de que experimentemos un aislamiento total son muy reducidas, pero ¿has pensado en todas las maneras a través de las cuales nuestra cultura moderna nos está desconectando los unos de los otros?

No hace mucho estaba intentando mantener una conversación con un muchacho con depresión. Apenas tenía ganas de hablar y parecía que con cada palabra que pronunciaba se le escapaba un poco de vida. No puedo olvidar cómo repetía desconsoladamente, una y otra vez: «Me siento solo, me siento muy solo». Pero si tú le hubieses visto unos meses antes, rodeado de gente, no hubieses sospechado que por dentro él se estaba aislando.

Lo que quiero decir es que es posible estar rodeado de personas, pero aislarte por dentro. Es posible sentirte solo, aunque parezcas acompañado.

Creo que las ciudades modernas están propiciando un tipo de aislamiento social que se está convirtiendo en nuestro cubículo acolchado.

Podrías refutarme diciendo que vivimos en la «era de las redes sociales», pero creo que en el fondo sospechas que, aunque estamos más conectados virtualmente, nos sentimos más solos que nunca. Aunque el uso de la red es fundamentalmente comunicativo, provoca una disminución en nuestra comunicación familiar, un empequeñecimiento de nuestros círculos sociales y un incremento de la depresión y la ansiedad en nuestras vidas.

En nuestra generación, se está perdiendo el valor de la tribu, de la comunidad o de la familia, esos vínculos sociales tan preciados que son el mecanismo diseñado por Dios para construir nuestra identidad y se está sustituyendo por un individualismo enfermizo.

La lengua Zulú de Sudáfrica posee un término para definir la importancia que tiene una comunidad para convertir a una persona en lo que es: *Ubuntu*. Un antropólogo propuso un juego a los niños de una tribu africana. Puso una canasta llena de frutas cerca de un árbol y les dijo que aquel que llegara primero ganaría todas las frutas. Cuando dio la señal para que corrieran, todos los niños se tomaron de las manos y corrieron juntos, después se sentaron juntos a disfrutar del premio. Cuando él les preguntó por qué habían corrido así, si uno solo podía ser el poseedor todas las frutas, le respondieron «Ubuntu». Esa palabra significa literalmente «soy porque nosotros somos», o dicho de otra manera, «yo soy lo que soy en función de lo que todos nosotros somos».

«Se necesita todo un pueblo para educar a un niño» reza un proverbio africano, pero parece que nuestra generación en occidente ha creído que «con Internet es suficiente».

Fuiste diseñado por Dios para conectarte con otros, pero para hacerlo de verdad. La red puede ser un complemento, pero no un sustituto de las relaciones «piel con piel».

Un emoticón de un beso en *Whatsapp* nunca podrá sustituir el calor y la humedad de unos labios sobre tu mejilla.

Un «Like» en *Instagram* nunca podrá sustituir el «Te quiero» de tu padre.

Un tutorial en *Youtube* nunca podrá sustituir el consejo de tu abuela.

Mil seguidores en *Facebook* nunca podrán sustituir las risas descontroladas con un par de amigos en la calle.

Una discusión en *Twitter* nunca podrá sustituir a las conversaciones acaloradas con tu familia alrededor de la mesa.

Deja de intentar «capturar el momento» con la cámara de tu smartphone y vive el momento. Estate presente, realmente presente, ahí con esas personas. Desconéctate de las noticias globales y conéctate con las vivencias locales. Porque cuando realmente te lo estés pasando bien, no te acordarás de hacer un Story.

Mientras escribo estas líneas encerrado en mi habitación, puedo oír de fondo la voz de mi esposa y la risa de mi bebé. Les he pedido que me dejen solo para escribir, pero no demasiado. Las necesito, como el agua en el desierto. Voy saliendo de vez en cuando de esta habitación para beberlas a ellas. Acabo de recordar que es el cumpleaños de mi padre, cumple setenta y un años. Lo voy a llamar por teléfono para recordarle que también lo necesito a él, quiero decírselo mientras su enfermedad le dé tregua a su memoria, mientras todavía pueda entenderme.

¿Por qué no te conectas ahora con alguien?

Fuiste diseñado para eso.

VIRTUDES

Dios sabía que Adán necesitaba conectarse profundamente con otro ser humano para poder desarrollar la plenitud de quien era él, porque las mejores virtudes en nuestra vida solo podemos desarrollarlas en comunidad.

Por ejemplo, es imposible desarrollar la virtud de la generosidad si no hay alguien con quien compartir lo que tienes o es imposible desarrollar la virtud del perdón si no hay alguien que te ofende, pero, sobre todo, es imposible desarrollar la virtud del amor en soledad. El amor requiere comunidad, requiere de alguien para ser expresado.

Esto me hace pensar en que, cuando la Biblia dice que *«Dios es amor»* (1 Juan 4:8), esto solo es posible porque, desde la eternidad, Dios es una comunidad. El Padre, el hijo y el Espíritu Santo se aman eternamente. Están conectados.

Dios nunca ha estado solo y tampoco era bueno que Adán estuviese solo. Porque las mejores virtudes de Adán, que aún permanecían escondidas dentro de su alma, como las semillas plantadas en la tierra, solo germinarían en la atmósfera del compañerismo.

Entonces, Dios sometió al hombre a un profundo sueño, le extrajo una costilla y con ella diseñó al ser más complejo de toda su creación: la mujer.

Me llama la atención que Dios no permitiera que Adán participara del proceso mientras creaba a Eva. Pienso que quería evitar que Adán pensase que era superior a Eva. Si Adán hubiese tenido la más mínima participación en la creación de la mujer, o hubiese presenciado cómo Dios lo hacía, se habría enfrentado a la tentación de considerarse superior a ella y propietario suyo.

Empleando una interpretación alegórica de las Escrituras, San Agustín reflejó esta idea de forma poética al decir: «La mujer fue creada de la costilla del hombre: no de la cabeza para dominarla, ni de sus pies para ser pisoteada por él, sino de su costado, para ser igual a él, bajo su brazo para ser protegida, y cerca de su corazón para ser amada».

Pero nos desconectamos, porque elegimos comer juntos una fruta que se nos había prohibido, y ese acto, en vez de unirnos más entre nosotros, nos puso en conflicto.

Hasta que llegó Jesús.

CUANDO JESÚS SE QUEDÓ ATERRADORAMENTE SOLO

Cuando le dije a ese muchacho con depresión que Jesús comprendía su dolor, me preguntó con desdén: «¿Qué sabrá Jesús de cómo me siento?». A lo que yo le respondí que Jesús sabía el dolor que produce la soledad, porque él se quedó solo en la cruz. Experimentó la soledad absoluta. Por eso Jesús, mejor que nadie, podía identificarse con su angustia.

No sé si lo habías pensado antes, pero la historia del Evangelio se trata de cómo Dios nos salvó de la «soledad eterna».

Fuimos creados para sentirnos completos mientras permanecíamos conectados con Dios y conectados con otros seres humanos.

Pero elegimos comer una fruta, elegimos cruzar el límite.

Nos rebelamos y la consecuencia fue la desconexión.

El pecado se convirtió en el cubículo de aislamiento para todos los hijos de Adán y comenzamos a enloquecer.

Pero si hay algo que realmente me gustaría gritarte con emoción a través de estas líneas es que Jesús fue a morir a la cruz para reconectar lo que Adán había desconectado.

En la cruz, Jesús resolvió el problema de nuestro aislamiento, pero para hacerlo tuvo que enfrentar la tortura más grande: quedarse solo, aterradoramente solo.

Quiero ser bien claro con esto. La mayor tortura que experimentó Jesús en la cruz no fue el látigo, ni la corona de espinas y ni siquiera fueron los clavos; la mayor tortura que experimentó Jesús en la cruz fue desconectarse de la Trinidad. Aislarse de Dios por primera y única vez en toda la eternidad.

Dios mío, Dios mío ¿por qué me has desamparado? **Mateo 27:46**

Ese fue el grito agónico de Jesús en la cruz, en el momento en que cargó con el pecado de toda la humanidad y el Dios santo, que no tiene relación con el pecado, se desconectó de Jesús en la cruz. Lo dejó solo.

¿Puedes intuir tan solo un poco del terror que experimentó aquel que siempre formó parte de la Trinidad cuando fue desconectado? ¿Puedes hacerte una idea del dolor que significó quedarse solo para aquel que siempre estuvo unido a Dios?

Porque si hay una buena definición del infierno, probablemente sea esta: ausencia absoluta de Dios.

El infierno es la «soledad eterna».

Y Jesús la experimentó en esa cruz por ti.

Lo que le dije a ese muchacho y te digo a ti es que lo que mantuvo a Jesús clavado en esa cruz soportando el dolor de la soledad fue la esperanza de recuperar una relación contigo. Por eso, no te dejes engañar por tus sentimientos, porque ya no estás solo.

LA SEÑAL DE QUE NO
AMAMOS A ALGUIEN ES
QUE NO LE DAMOS TODO
LO MEJOR QUE HAY EN
NOSOTROS.

PAUL CLAUDEL

VERGÜENZA
Y APARIENCIA

SOLO PODRÁS

C O
CONECTAR DE VERDAD
N E C
CUANDO TE DESNUDES
T A R

Aunque en ese tiempo el hombre y la mujer estaban desnudos, no se sentían avergonzados.

La serpiente, que era el más astuto de todos los animales del campo creados por Dios el Señor, se le acercó a la mujer y le preguntó:

—¿Es verdad que Dios no les permite comer de ningún árbol que hay en el jardín?

La mujer le contestó:

—Sí podemos comer los frutos de cualquier árbol, menos del que está en el centro del jardín. Dios nos dijo que si comemos o tocamos el fruto de ese árbol, moriremos.

—¡Mentira! —silbó la serpiente—. ¡No morirán! Lo que pasa es que Dios sabe que, cuando ustedes coman del fruto de ese árbol, obtendrán todo el conocimiento, pues podrán conocer el bien y el mal. ¡Ese día ustedes serán como Dios!

Tan pronto lo comieron, se dieron cuenta de que estaban desnudos y sintieron vergüenza. Entonces cosieron hojas de higuera para cubrir su desnudez.

Aquella tarde, a la hora en que sopla la brisa, el hombre y la mujer oyeron que Dios andaba por el jardín. Entonces corrieron a esconderse entre los árboles, para que Dios el Señor no los viera. Pero Dios el Señor llamó al hombre y le preguntó:

—¿Dónde estás?

El hombre le contestó:

—Oí que andabas por el jardín y me dio miedo, pues estoy desnudo. Así que me escondí.

—¿Quién te dijo que estás desnudo? —le preguntó Dios el Señor—. ¿Acaso comiste del fruto del árbol que te ordené que no comieras?

Génesis 2:25; 3:1–5, 7–11

Eva comenzó una conversación peligrosa con la serpiente.

Así es como comienzan todos los desastres en nuestra vida: teniendo una conversación con la serpiente.

Lo que comenzó con una pregunta aparentemente inocente, terminó convirtiéndose en una rebelión.

La serpiente no dijo, la serpiente insinuó. Plantó la semilla de la duda en la mente de Eva y, cuando Satanás logra sembrar una de sus semillas en tu mente, tiene un mecanismo de control sobre ti.

Insinuó que Dios no era tan bueno como parecía.

Insinuó que Dios les estaba ocultando algo.

Insinuó que Dios los quería presos.

Y Eva se lo creyó.

Entonces, tomó del fruto que Dios les había prohibido que comiesen y después se lo ofreció a Adán, que comió igual que ella. Y en ese momento ocurrió algo que marcaría a todos sus hijos hasta el día de hoy: experimentaron vergüenza por su desnudez.

Pero, ¿acaso no habían estado desnudos desde el principio? Algunos rabinos sostienen que Adán y Eva, antes de pecar, estaban vestidos de luz, cubiertos con la Gloria Divina que literalmente irradiaba sobre ellos. Pero, al desconectarse de Dios, la fuente de su luz, quedaron desvestidos de su brillo. Totalmente desnudos.

Esto me hace pensar en el resplandor de la luna y en cuántos enamorados hemos sido engañados mientras contemplábamos su brillo. Yo he sido de los que he alabado a mi novia diciéndole: «Eres más bella que la luz de la luna». Pero cuando uno estudia un poquito de astronomía, se le va el romanticismo. Porque lo cierto es que la luna no emite luz, solo la refleja. La luna es un pedrusco gris gigante girando alrededor de la tierra, cuyo brillo es el resultado de estar expuesto a la luz del sol. Porque el que realmente irradia la luz es el sol, la luna es una triste piedra muy grande.

De la misma manera, Adán y Eva brillaban mientras estaban enchufados a la fuente de la luz divina, pero, cuando se desenchufaron, se vieron desnudos y quisieron esconderse. Agarraron unas hojas de higuera, las cosieron y se hicieron una especie de delantales. Donde antes había luz, pusieron hojas empezaron a marchitarse, como todos nuestros intentos para arreglar las cosas a nuestra manera.

La pregunta es: ¿de quién se estaban escondiendo?

Se estaban escondiendo el uno del otro, cubriéndose para que Adán no pudiese ver la desnudez de Eva y Eva no pudiese ver la desnudez de Adán. Se cubrían para que el otro no pudiese ver su vergüenza.

Hasta intentaron esconderse de Dios.

Cuando Dios salió a su encuentro le preguntó a Adán: *«¿Dónde estás?»* (Génesis 3:9), no porque no supiera dónde estaba, sino porque era Adán quien no sabía dónde estaba.

VERGÜENZA

Fuimos creados con la necesidad fundamental de sentirnos conectados con otros seres humanos. Pero el mayor obstáculo para alcanzar esa conexión tan anhelada es la vergüenza. Nuestra vergüenza es el mayor impedimento para lograr intimidad con los que nos rodean.

Generalmente, solemos confundir la culpa con la vergüenza, creyendo que son lo mismo, pero no lo son. La culpa es el dolor que sentimos por algo que hemos hecho, sin embargo, la vergüenza es el dolor que sentimos por algo que creemos que somos. En eso radica su diferencia, la primera está ligada al comportamiento, pero la segunda está ligada a la identidad.

SOLEMOS CONFUNDIR LA CULPA CON LA VERGÜENZA

La vergüenza nos hace pensar: «Hay algo en mí que está mal, algo que está equivocado, que está deshecho, y si los demás lo descubriesen, no querrían tener relación conmigo». La vergüenza nos hace creer que no somos dignos de tener conexión con otros porque somos un error.

Estoy convencido de que este libro terminará en las manos de personas muy distintas entre sí, pero no me cabe duda de que si hay algo que todos los lectores de este libro tenemos en común es la vergüenza. Me gustaría decir otra cosa, pero sin miedo a equivocarme sé que sientes vergüenza. Esa maldita vergüenza es una marca en nuestra alma, presente en todos los hijos de Eva.

Dios le explicó a Adán que la vergüenza que sentía en su alma estaba relacionada con una voz que había escuchado. Por eso, Dios le preguntó a Adán:

¿Quién te dijo que estás desnudo? **Génesis 3:11**

Es decir, Dios le preguntó acerca de la voz con la que se relacionaba su vergüenza, porque la vergüenza siempre surge al escuchar y creer a una voz equivocada. Por eso, Dios le pregunta:

¿A qué voz has escuchado y has creído?

¿A qué voz le has dado permiso para penetrar en tu alma?

¿A qué voz le has dado autoridad para definirte?

Este fue el primer momento en el que el ser humano fue definido por una voz diferente a la voz de Dios.

La voz de la serpiente.

La voz llena de veneno.

La voz de la mentira.

CUANDO CREES UNA MENTIRA LE DAS PODER SOBRE TI AL MENTIROSO

No exagero al advertir lo peligroso que es entablar una conversación con la serpiente, incluso cuando parece un diálogo inofensivo. La habilidad de Satanás para boicotear el plan de Dios en nuestra vida se encuentra en el engaño.

¿Por qué? Porque cuando crees una mentira le das poder sobre ti al mentiroso.

Sus palabras son como el legendario caballo de Troya, que por fuera parecía un regalo, pero que por dentro ocultaba a un grupo de invasores listos para penetrar en la ciudad amurallada. De la misma manera, cuando Satanás te habla, sus palabras parecen verdad, pero esconden alguna mentira. Esa mentira es como un virus informático, que permanece oculto esperando a que alguien le dé acceso a su sistema para contaminarlo todo.

Si esa mentira de la serpiente logra penetrar hasta los resortes fundamentales de tu alma, allí donde se encuentra tu identidad, y se hace parte de tu ser, hará surgir la vergüenza en ti. Porque la vergüenza surge cuando asumes una mentira como parte de tu identidad.

Piénsalo por un momento. ¿No es cierto que tu vergüenza está ligada con una idea que tienes acerca de ti mismo? ¿Y que esa percepción que tienes sobre ti mismo es producto de una mentira tan arraigada en tu alma que parece que es tu alma misma? ¿Y que el eco de la voz de la serpiente resonó a través de la boca de tu padre, una profesora, un esposo o cualquier otra persona de influencia sobre tu vida?

Con el tiempo, me he dado cuenta de que la voz de Satanás tiene muchas maneras diferentes de resonar en nuestra alma, además de por las palabras:

Te orinaste en la cama hasta los diez años.

Tu primo mayor te tocó las partes íntimas cuando eras una niña.

Te desarrollaste más lentamente que tus compañeros de colegio.

Alguien te grabó borracha mientras se aprovechaban de ti.

La profesora te ridiculizó delante de tus compañeros.

Tu madre te golpeaba descontroladamente.

La chica que te gustaba te rechazó y se burló de ti.

Tu padre nunca te abrazó.

Hay tantas maneras en las que una mentira puede penetrar en ti, pero la mayoría de veces es a través de otras personas que, consciente o inconscientemente, se convierten en el eco de la voz de la serpiente.

Aunque muchos no lo crean, incluso antes de aprender el lenguaje, cuando un bebé es tratado como un error, se le ignora durante toda la noche en su llanto desconsolado o se le humilla dejándolo durante horas empapado en sus heces, esos actos depositan mentiras en el subconsciente del bebé.

Yo recuerdo un momento en mi niñez que me dejó profundamente avergonzado. Era verano, tenía unos once años de edad y acostumbraba a jugar en la calle con los amigos del barrio hasta el anochecer. Un bocadillo de *Nocilla* y una pelota eran todo lo que necesitábamos para pasar una tarde épica. Lo normal en el grupo eran risas y riñas, asuntos de niños sin mayor importancia, hasta que un desacuerdo se convirtió en una pelea entre un chico y yo. Un par de insultos y unas amenazas fanfarronas. Parecía que todo iba a quedar ahí. Sin embargo, al llegar la noche, mientras pasaba por un callejón, el muchacho enfadado y cinco de sus primos mayores que yo me acorralaron. Lo que ocurrió a continuación fue lo que me causó una vergüenza inolvidable. El más grande de ellos me agarró del cuello y me elevo varios centímetros sobre el suelo, en una posición que no me permitía respirar con facilidad. El miedo me dejó paralizado. No reaccioné, simplemente me dejé llevar. En ese momento, el muchacho enfadado saco una vara, como las que se usan para arrear a los caballos, y comenzó a golpearme con ella, animado por el resto que se reían de mí y me insultaban llamándome «saco de basura». Es verdad que duele que te golpeen como si fueras una piñata, pero puedo asegurarte que, esa noche, el dolor que sentí en el cuerpo no era comparable al dolor que sentí en mi alma. No sabría explicarlo, pero esa situación humillante, donde me trataron como si fuera un saco para golpear, me hizo sentir violado. Como si me robasen la humanidad. Quizá no te parezca tan grave, pero mi mente de niño no supo procesar bien lo ocurrido y de alguna manera una mentira penetró hasta lo más profundo de mi ser e hizo surgir la vergüenza. De hecho, no se lo conté a mis padres porque pensaba que algo así debía ocultarse, que nadie tenía que conocer mi vergüenza. En los siguientes años, me oculté de mis agresores, no por miedo a que me volviesen a pegar, sino por vergüenza. Como si ellos supiesen algo de mí que no me permitía mantener la cabeza alta en su presencia.

¿Entiendes de lo que estoy hablando?

Si has sido avergonzado, estoy seguro que sí.

Es extraña la manera en la que la vergüenza surge, pero cuando lo hace se te pega al alma hasta que llegas a pensar que es tu alma misma.

Qué astuta es la serpiente.

HOJAS DE HIGUERA

Con el paso del tiempo, he visto cómo este patrón de comportamiento se ha repetido muchas veces en mi vida: hacer lo posible por cubrir mis vergüenzas.

En la Iglesia, hemos aprendido a lidiar con el sentimiento de culpa porque, aunque es difícil, podemos arrepentirnos del error que hemos cometido. Pero, ¿cómo lidiar con el sentimiento que surge cuando estamos convencidos de que nosotros somos el error? ¿Cómo te arrepientes de algo que crees que eres? Me he dado cuenta de que lo que hacemos es lo mismo que hicieron Adán y Eva: optamos por tomar control sobre nuestras vergüenzas. Me refiero a que intentamos controlar qué es lo que otros pueden ver de nosotros.

Ellos se cubrieron con unas hojas de higuera para ocultar su vergüenza de la mirada del otro, nosotros nos cubrimos con nuestras «apariencias» para hacer exactamente lo mismo. Como ellos, seguimos optando por escondernos, solo que, en vez de cosernos un traje con hojas de higuera, creamos una imagen para proyectar a los demás.

EL PRECIO QUE PAGAMOS, POR MANTENER NUESTRAS VERGÜENZAS ESCONDIDAS DETRÁS DE LAS APARIENCIAS, ES PERDER LA INTIMIDAD VERDADERA.

Nos disfrazamos de la mejor versión de nosotros mismos para ocultar nuestras vergüenzas más profundas y proyectamos una imagen de perfección para que no vean nuestra desnudez.

Hasta que convertimos nuestra vida pública en puro teatro.

Pero la gran tragedia es que, cada vez que hacemos esto, perdemos algo que anhelamos profundamente: la conexión con otros. A partir del momento en el que Adán y Eva se escondieron detrás de sus hojas de higuera, perdieron la conexión que tenían entre ellos. Su intimidad se vio afectada a causa de su miedo a mostrarse desnudos frente al otro. De la misma manera, cada vez que nos ocultamos detrás de nuestras apariencias, cada vez que intentamos controlar la imagen que proyectamos a los demás, pagamos un precio muy alto, perdemos la conexión con las personas importantes de nuestra vida.

El precio que pagamos, por mantener nuestras vergüenzas escondidas detrás de las apariencias, es perder la intimidad verdadera.

Finalmente, nos quedamos solos.

Quiero ser enfático con esto porque creo que es una gran tragedia. Vivir desde las apariencias te condenará a la soledad, incluso aunque estés rodeado de personas. Es posible trabajar con personas, comer con familiares, tener miles de seguidores en la red e incluso tener pareja, y, a pesar de eso, sentirte terriblemente solo. La razón de esto es que tu alma no anhela compañía, anhela conexión. Pero no hay manera de conectar con alguien escondido detrás de tus hojas de higuera.

PERSONAJES

Una de nuestras maneras favoritas de proyectar una imagen, son las redes sociales de Internet.

En realidad, Internet simplemente ha digitalizado nuestras hojas de higuera, nos ha facilitado la tarea de controlar lo que otros pueden ver de nosotros.

Nos ha dado la oportunidad de crearnos un personaje público que presentar al mundo.

Y resulta que ese personaje es mejor que tú y tiene una vida mejor que la tuya. Es una proyección mejorada de ti. No es quien eres, es quien te gustaría ser, o peor, es quien crees que la gente espera que seas.

Es tu personaje, pero a mí me gusta llamarlo tu disfraz.

El otro día me descubrí a mí mismo haciendo algo ridículo. Lo voy a confesar a riesgo de que dejes de leer el libro cuando descubras lo presumido que soy. Estaba por hacer mi devocional, me encontraba con mi Biblia abierta sobre la mesa y una taza de café en la mano. Entonces, pensé: «Qué estampa tan espiritual, necesito que la gente lo vea». De manera que me preparé para hacerme una selfie y subirla a mi red, acompañada de alguna frase inspiradora, para que todos pudieran ver lo devoto que soy. Pero, al hacer la primera foto, me di cuenta de que era demasiado simple, tenía que embellecerla. Entonces, agarré un cuaderno, unos rotuladores y unos libros para decorar la mesa, para que se me viera un poquito más intelectual. Pero la segunda selfie tampoco me gustó. Necesitaba más iluminación, arreglarme un poco el pelo y esconder la ropa que estaba tirada en el suelo. Cuando quise darme cuenta, me había hecho diez fotos y entonces oí al Espíritu Santo preguntándome: *«¿Dónde estás?»* (Génesis 3:9). Después de quince minutos perdidos intentando mantener actualizado mi personaje público, opté por borrar la foto.

En realidad, Internet no se creó para ser una red de ordenadores, sino una red de personas. Pero es interesante descubrir que el origen etimológico de la palabra «persona» viene del griego *prosopora*, que significa «máscara». Sinceramente, creo que una de las razones por las que Internet aglutina una comunidad global de millones de personas es porque nos ha permitido relacionarnos a través del personaje que hemos creado. Las redes sociales se han convertido en el gran carnaval veneciano de nuestra época, una fantasía de personajes que se presentan unos frente a los otros con sus máscaras puestas.

Entonces no es casualidad que en Facebook tengamos un «muro» y en Instagram tengamos «filtros», porque ¿no es detrás de los muros donde se esconden los secretos? Y, ¿no se usan los filtros para ocultar los defectos?

Si algo han evidenciado las redes sociales de nuestra época es esta paradoja: queremos ser conocidos, pero nos aterra la idea de que alguien nos conozca realmente.

Queremos que nos vean, pero no completamente.

Entonces construimos relaciones superficiales, desde la capa externa de las apariencias, no desde el núcleo de nuestro verdadero ser. Desde el personaje, no desde la persona.

Y no hay manera de lograr una verdadera intimidad con alguien desde el personaje. Porque es una mentira.

ADICTOS A LA APROBACIÓN

Demasiadas veces nuestra vida pública, dentro y fuera de la red, es pura actuación.

No hace mucho, mi mujer me confrontó severamente, de esa manera dulce y amarga con la que solo ella sabe confrontarme. Me dijo: «No quiero que pongas en tu red ninguna frase alabándome que no me hayas dicho primero a la cara, mirándome a los ojos».

Lo que me llevó a cuestionarme otras cosas que hago, como mi motivación al publicar una foto de mi esposa disfrutando de la cena romántica que le había preparado.

«¿Lo hago para honrarla a ella o para que todos vean lo buen marido que soy y me validen con sus comentarios?».

Creo que padecemos el «Síndrome de La Voz».

No tengo idea de cuándo leerás este libro, pero en el año en el que lo estoy escribiendo existe un programa de televisión de mucho éxito que se llama *La Voz* en donde los concursantes realizan una audición frente a un jurado para demostrar su habilidad para cantar. El concursante sube al escenario, pero la peculiaridad es que delante de él hay tres sillones dados vuelta donde están sentados los jueces. El juez no puede ver al concursante, solo puede escuchar su voz. Durante el minuto que dura la audición, el concursante debe mostrar todo el potencial de su voz, con la esperanza de que al menos uno de los jueces pulse el botón que tiene en su sillón y se dé vuelta. Esa es la señal de que empieza a formar parte del concurso.

Considero que, en cierto modo, nuestra generación padece este síndrome, queremos ser dignos de que alguien «pulse el botón», queremos que alguien nos valide.

Deseamos ser aprobados.

Probablemente, porque la aprobación es un alivio para el dolor que nos produce nuestra vergüenza.

Porque detrás de cada personaje perfecto, se esconde una persona con vergüenza.

Leí en la biografía de una conocida presentadora, que llegó a entrevistar a los personajes más famosos, ricos, poderosos e ilustres de su generación, que la mayoría de ellos, cuando las cámaras se apagaban, le preguntaba: «¿Estuve bien?».

Somos tan frágiles, aunque queramos aparentar lo contrario.

Buscamos desesperadamente aprobación humana como un bálsamo para nuestra vergüenza oculta.

Cada vez que alguien pulsa ese botón, cuando hace doble clic sobre tu selfie en Instagram, le da un «me gusta» a tu frase en Twitter o comenta algo en tu publicación de Facebook, literalmente, le da un golpe de aprobación a tu alma.

Es súper adictivo.

Por lo tanto, te esfuerzas en hacerlo aún mejor, en ser más guapa, en mostrarte más feliz, o cualquier otra cosa que puedas proyectar desde el escenario, con el fin de que alguien pulse el botón.

El otro día, entré en la red y vi la foto de un amigo abrazando a un mendigo en una de las zonas pobres de la ciudad. Como pie de foto puso: «Dios no te dará la ciudad que no estés dispuesto a abrazar». Una foto épica con una frase épica. Pero, honestamente, ¿qué le pasa a nuestra generación? En la época de Jesús, cuando un fariseo daba limosna a un pobre hacía tocar la campana para que todos a su alrededor pudiesen notar su acto de generosidad, nosotros hacemos alguna bondad y tenemos que publicarlo en la red para que todo el mundo lo vea. A los primeros, Jesús los llamó «hipócritas», cuyo origen etimológico en griego es *hipokrisis* que se traduce como «actor». A los segundos, creo que Jesús les dice lo mismo.

Créeme, si vives para la aprobación de las personas, un día morirás por su rechazo.

Y mientras tanto, aquel que ya pulsó el botón a tu favor, no en un cómodo sillón sino en la cruz, aquel que hizo sonar por ti, no una campana, sino los clavos que le sujetaron al madero con cada martillazo, es ignorado.

Ni un millón de «likes» pueden igualarse a eso.

IMPRESIONANTES

La Biblia dice que anhelamos conectar, pero lo confundimos con impresionar.

Fuimos diseñados para amar y ser amados, pero la vergüenza nos hace creer que no somos dignos de ese amor, a no ser que demostremos que somos impresionantes.

Sé sincero, ¿no es cierto que muchas veces llevas tu profesión o tu cuenta bancaría o tu ropa de marca o tu título universitario o tu conocimiento teológico o cualquier otra virtud como un disfraz para impresionar? Yo sí. Y me resulta agotador.

Con la madurez que he alcanzado, puedo observar mi pasado y darme cuenta de que muchas de las cosas que hice para impresionar las hice motivado por mi necesidad de demostrar que era digno de ser amado. Por ejemplo, después de batallar toda mi adolescencia con la vergüenza, descubrí que podía lograr cierto cariño de las personas a través de lograr unas calificaciones que impresionasen. Me lo tomé tan enserio, que pasé gran parte de mi adolescencia encerrado en mi habitación estudiando para lograr la mejor calificación en el siguiente examen. Por favor, entiéndeme bien, no hay nada de malo en ser un estudiante aplicado, pero ahora me doy cuenta de que lo que estaba buscando con esas notas tan impresionantes era amor.

Créeme, es inútil intentar satisfacer tu necesidad de amor con admiración. Lo he intentado y no funciona.

ES INÚTIL INTENTAR SATISFACER TU NECESIDAD DE AMOR CON ADMIRACIÓN

¿Acaso no has visto en las noticias cómo personas admiradas por millones terminaron suicidándose?

Puedes ser impresionante y sentirte terriblemente solo.

El tiempo que invertimos en impresionar a las personas es un auténtico desperdicio, porque estoy convencido de que, al final de nuestros días, aquellos a los que impresionamos estarán impresionados con otros y los únicos que nos recordarán son aquellos con los que logramos conectar de verdad.

No puedes amar ni recibir amor desde el personaje, solo puedes hacerlo a través de la persona real.

DESNUDOS

En un mundo hiperconectado virtualmente, nos sentimos más desconectados que nunca. Anhelamos una conexión profunda con alguien, pero parece que no lo logramos.

Escuché a un sociólogo decir que estamos padeciendo una epidemia de soledad.

Porque no hay manera de conectar profundamente con alguien escondido detrás de sus hojas de higuera.

Para conectar con otro hay que ser conocido, y para ser conocido hay que desnudarse.

Para conectar tienes que prenderles fuego a tus hojas de higuera, dejar de esconderte detrás de tus apariencias, matar al personaje, quitarte el disfraz, renunciar a ser impresionante y dejarte ver desnudo.

Es fácil quitarte la ropa y mostrar tu piel. Lo difícil es desnudar tu alma y dejar que otro te vea tal y como eres.

Frágil.

Imperfecto.

Herido.

Acomplejado.

Contradictorio.

Tú, tu verdadero tú.

¡Lo sé! Eso es aterrador, sin embargo, no hay otra manera de conectar. ¡No la hay!

Debes renunciar a intentar controlar la imagen que otros tienen sobre ti. Tienes que hacerte vulnerable.

«Vulnerable» es una palabra tan preciosa y a la vez tan estremecedora. La imagen que viene a mi mente al pensar en ella es la de un caballero de la Edad Media, que llega a su casa después de la guerra con su armadura puesta, pero para entrar en la alcoba con su esposa debe despojarse de toda su protección. Y si lo piensas bien, está más expuesto en esa habitación de lo que lo estuvo en el campo de batalla.

¿Estás dispuesto a ser herido ocasionalmente a fin de tener conexión?

Porque la misma armadura que te protege de los golpes en la batalla, será la que no te permitirá experimentar las caricias de los que te aman.

Si no te arriesgas a hacerte vulnerable con alguien, no lograrás tener conexión. Obviamente, no se trata de desnudar tu alma con cualquiera, pero hazlo con alguien. No pases por esta vida conforme con estar acompañado, esfuérzate por conectar profundamente con alguien. La recompensa de la intimidad lo merece.

Pero recuerda que, para lograr esa valiosísima conexión, tienes que enfrentarte a esa pregunta que hace temblar a los más valientes:

«¿Podrá amarme cuando me vea totalmente desnudo?».

Creo que yo he dado la respuesta a esa pregunta al menos en una relación en mi vida. En la relación que tengo con mi esposa. ¡Y no te engañes! No todos los matrimonios se han visto totalmente desnudos, no todos han visto lo que hay más allá de la piel y han traspasado la capa de las apariencias. Pero mi esposa y yo lo hemos logrado. Nos hemos quitado las máscaras y hemos revelado nuestros secretos. Lo que me da seguridad es que después de verme completamente desnudo, aún me ama. De hecho, sé que los vínculos más profundos que se han forjado entre ella y yo, han sido desde mis vergüenzas y no desde mis talentos. Con ella, me siento absolutamente vulnerable, pero a la vez absolutamente seguro. Qué paz me da saber que ella está más enamorada de mí, que impresionada conmigo.

Hazme caso, quédate con quien te bese el alma, porque la piel te la puede besar cualquiera.

LA IGLESIA: UN LUGAR DONDE BESAR LAS VERGÜENZAS

Hace poco, mi esposa dio a luz a nuestra primera hija.

Aunque el embarazo es algo hermoso, también es un gran sacrificio. Toda mujer sabe que el precio de ser madre es perder cierta belleza física para regalarle la vida a su criatura. El cuerpo se hincha, la piel se estira, los huesos se gastan y un número elevado de cambios hormonales se producen en el cuerpo de la mujer. Después del parto, mi mujer se sentía incómoda con la idea de desvestirse delante de mí y mostrarme su piel gastada. Creo que aquellas que han experimentado un postparto pueden entender lo que mi esposa sentía en ese momento. Entonces, comprendí lo que debía hacer para volverla a conectar conmigo: debía besar esas partes de su cuerpo que la hacían sentir avergonzada. Así lo hice.

Y, mientras lo hacía, me pregunté: ¿no será en esto en lo que pensó Jesús cuando inauguró su Iglesia?

Una comunidad donde las personas pudiésemos conectar de verdad.

Una zona segura donde quitarse los disfraces y mostrar nuestras almas desnudas.

Un lugar donde las vergüenzas sean besadas por la gracia.

Una familia donde amar y ser amado.

¿Acaso no somos seguidores de aquel que se desnudó de su Gloria divina y se metió en carne humana para entrar en contacto «piel con piel» con nosotros?

¿Acaso no somos seguidores de aquel que, cuando fue tentado por Satanás para que se tirase del pináculo del templo a fin de que todo el mundo viese cómo era rescatado por los ángeles, rehusó ser impresionante?

¿Acaso no somos seguidores de aquel que, siendo el más inteligente de todos, habló con sencillez para que la gente lo entendiese?

¿Acaso no somos seguidores de aquel que, poseyendo un ejército de ángeles a su favor, en la cruz se mostró frágil?

Si somos seguidores de él, aprendamos a hacer con los demás lo que él hizo por nosotros.

―――――

SOMOS SEGUIDORES DE AQUEL QUE, SIENDO EL MÁS INTELIGENTE DE TODOS, HABLÓ CON SENCILLEZ

05

UNIÓN EXCLUSIVA

DIOS QUIERE SALVAR TU BODA

Entonces Dios el Señor hizo que cayera sobre el hombre un sueño profundo, le sacó una costilla y cerró la carne en el lugar de donde la había sacado. Con la costilla hizo a la mujer y se la llevó al hombre. Al verla, el hombre exclamó: «¡Esta sí es hueso de mis huesos y carne de mi carne! Se llamará «mujer» porque fue sacada del hombre». Es por eso que el hombre deja a su padre y a su madre y se casa con su mujer, y los dos llegan a ser como una sola persona.

Génesis 2:21-24

Tuvo que ser emocionante el momento en el que Adán despertó de su sueño y vio por primera vez a Eva. Imagino la escena: Eva radiante, acercándose lentamente a Adán, agarrada de la mano de Dios. Creo que la intensidad de emociones que inundaron los corazones de ambos en ese momento solo se compara a la que experimentan los novios en su boda, mientras el novio espera a que la novia llegue al altar y por fin la ve acercándose dada de la mano de su padre, que la soltará para unir la mano de ella con la mano de él. Para siempre.

Efectivamente, esta fue la primera boda de la humanidad.

¡Me gustan las bodas! Porque cuando estoy en una boda, siempre tengo la sensación de estar presenciando algo sagrado. Algo que evoca el sueño del Edén, antes de que el pecado lo estropease todo.

Es fácil distraerse con lo secundario, como si todo eso se tratase de un encuentro social más, donde la gente se viste con su mejor traje, come mucha comida y hace sus mejores intentos para salir guapa en las fotos.

Corbatas, tacones, flores, manteles y bailes.

Son solo una excusa para lucirse y ver cómo otros se lucen.

Espera, no olvidemos a los novios.

Es fácil perder el enfoque y no percibir el misterio, lo que está a punto de ocurrir entre él y ella, en ese lugar, en ese momento, con esos testigos: dos almas se van a fundir como una sola.

El hombre deja a su padre y a su madre, y se une a su esposa, y los dos se convierten en uno solo. **Génesis 2:24 NTV**

DIOS DISFRUTA LAS BODAS MÁS QUE LOS RITOS RELIGIOSOS

Eso es más que dos personas compartiendo su firma en un documento legal, esa es una conexión profunda y trascendente. Una conexión tan sagrada que Dios se involucra en ella más de lo que se involucra en cualquier otro rito religioso.

¿Te has fijado en que la Biblia comienza con un matrimonio y termina con un matrimonio? Génesis 2 relata cómo fue la boda de Adán y Eva, mientras que Apocalipsis 19 describe cómo será la boda de Jesús y la Iglesia. Una boda es el principio y el final del libro.

En una boda estamos presenciando una ceremonia que rememora el ideal del Edén y proyecta la esperanza de la redención del universo, uno de los pocos reflejos del paraíso que aún nos quedan en este mundo caído mientras esperamos la restauración de todas las cosas.

De hecho, me atrevo a decir que Dios disfruta las bodas más que los ritos religiosos. Porque el matrimonio fue idea de Dios, no del hombre, sin embargo, la religión fue idea del hombre, no de Dios. Por eso, aunque Dios no se presenta en algunos ritos religiosos, se cuela en todas las bodas. Aunque no lo inviten.

Me ha ocurrido tantas veces, mientras estoy ahí de pie, viendo cómo los novios se miran mientras se hacen promesas de fidelidad... Puedo escuchar a Dios susurrándome al oído: «Quita el calzado de tus pies porque el suelo que pisas es santo».

Dios está ahí, yo lo sé y hasta los incrédulos lo sospechan.

DEBAJO DE LA *CHUPPAH*

En los tiempos de Jesús, cuando un hombre judío amaba a una mujer judía, se casaba con ella debajo de una *Chuppah*. La *Chuppah* era una especie de dosel sujeto por sus esquinas por cuatro palos, que se sostenía sobre los novios durante la ceremonia nupcial. Esa tela sobre sus cabezas no era una tela cualquiera, era un *Tallit*, un manto de oración que los judíos ponían sobre sus cabezas para recordar la presencia de Dios sobre ellos mientras recitaban las Escrituras.

Esa tradición se conectaba con el momento en el que Dios liberó al pueblo de Israel de la esclavitud en la tierra de Egipto y los dirigió a través del desierto hasta la tierra prometida, cubriéndoles durante el éxodo con su presencia divina, en forma de nube de día y en forma de fuego de noche. Esa presencia sobre ellos los protegía de las inclemencias del tiempo, los alimentaba sobrenaturalmente y espantaba a sus enemigos. Bajo esa presencia, Dios hizo un pacto con ellos en el monte Sinaí y les dijo: «Esta es mi ley y mis promesas, no se entreguen a otros dioses porque ustedes son míos y yo soy de ustedes».

Es un lenguaje de bodas, son las palabras de un novio recitando sus votos a la novia. Lo que en la cultura hebrea se conoce como la *Ketubah*, el juramento público que el novio hace a la novia bajo la sombra del *Tallit*, donde se compromete a su protección, sustento y cuidado. Un testamento que la novia guardará como garantía.

Al leer esa narración, todo judío captaba la idea de que Dios se había casado con Israel en esa montaña. No era el comienzo de una religión, sino de un matrimonio.

El plan de Dios siempre fue casarse con nosotros.

La *Chuppah* evocaba ese momento especial de Dios con su pueblo. El mismo Dios cuya cobertura se extendió sobre su pueblo, se extendía sobre la pareja de novios que se casaba. Mientras la sombra del *Tallit* estaba sobre sus cabezas, les hacía conscientes de la presencia de Dios sobre ellos. Dios estaba con ellos en esa transición como lo estuvo con Israel en el éxodo, y, como en el monte Sinaí, bajo esa presencia se estaba escribiendo un pacto mientras los novios se intercambiaban los votos.

Él sería de ella y ella sería de él.

En la salud y en la enfermedad.

En la riqueza y en la pobreza.

Para siempre.

Dios es la *Chuppah* viviente.

UNIÓN EXCLUSIVA

Es interesante notar que, en la ceremonia nupcial, solo la pareja y nadie más que ellos permanecían bajo el dosel, porque el matrimonio es una zona de exclusividad para dos y no hay lugar para tres. El matrimonio es una unión sagrada porque es una unión exclusiva.

¿Te has dado cuenta de que incluso aquellos que dicen no creer en el matrimonio se emocionan en la boda de una pareja que sí cree? ¿Sabes por qué? Porque pueden percibir la belleza, el valor y la pureza de lo que está ocurriendo:

Un hombre y una mujer caminando por el pasillo para encontrarse con su amado en el altar, diciendo «No» a todas las demás personas para decir «Sí» a una sola, para siempre. Rechazando todas las demás opciones posibles. Apostándolo todo a una sola carta. Declarando que «de entre los siete mil millones de personas que hay en el planeta, te elijo a ti y solo a ti, para darme de una manera única como no lo haré con nadie más.»

Todos podemos percibir el poder de ese acto, por eso nos conmueve, porque estamos siendo testigos de la creación de algo sin igual que solo les pertenecerá a ellos. Exclusivamente a ellos. Lo sagrado de ese vínculo deriva de su exclusividad.

Mientras escribo estas líneas, en la televisión emiten un reality show basado en casar a dos personas y seguirlos con cámaras durante el primer mes de su matrimonio concertado, captando los momentos de la pareja en su luna de miel, aprendiendo a convivir en su nueva casa y realizando las compras.

Acariciándose y besándose.

Peleándose y gritándose.

Pidiéndose perdón y reconciliándose.

Tengo que ser honesto, quedé enganchado cuando los vi discutir acerca de cómo colocar la ropa en el armario. Eso es televisión cautivante y estoy seguro de que a ti también te hubiese cautivado si lo hubieses visto. Porque, en cierto modo, nuestra alma sabe que estamos haciendo algo prohibido, estamos violando la exclusividad de un matrimonio. Estamos espiando a través de un agujerito en la pared la privacidad de una pareja, solo que ese agujerito es el televisor.

Obviamente, la cadena paga un precio elevado a la pareja para emitir públicamente su vida matrimonial, pero, aunque en ese momento no lo crean, es la pareja quien paga un precio mayor. Entregan su confidencialidad, el secreto de su intimidad, el misterio de su unión, a cambio de dinero. Y cuando han vendido eso que era solo suyo, deja de ser solo de ellos. Pierde su valor. Han metido a mucha gente debajo de la *Chuppah* y la consecuencia probable será que ellos terminen fuera. Tienen dinero, pero ya no tienen exclusividad. Han profanado ese lugar sagrado irremediablemente.

Ahora, estoy esperando el programa que proyecte su divorcio.

Al casarme, me di cuenta de que lo que hace valioso mi matrimonio son los detalles. La posición que tomamos al dormir, las manías al preparar el desayuno, la manera de dividir las tareas del hogar, la forma en la que administramos el espacio en los armarios, cómo doblamos los calcetines, los apodos cariñosos, la forma de decirnos cosas con la mirada, las discusiones a corazón abierto, los días importantes, la rutina cotidiana, la comida con los suegros, etc. Podría seguir con la lista de cosas aparentemente insignificantes, pero que han terminado convirtiéndose en importantes. Todo eso y mucho más es nuestro y solo nuestro.

Exclusivamente nuestro.

Y ahí radica su valor.

Por eso hay que tener cuidado con meter debajo del dosel a los que no tienen que estar ahí.

Los secretos son nuestros y no de tu amigo también.

Las discusiones son nuestras y no de tu mamá también.

Las miradas de deseo son nuestras y no de tu compañera de trabajo también.

Las profundidades de tu alma son mías y las profundidades de mi alma son tuyas. Toda esta profundidad por explorar es nuestra. Forma parte de nuestra unión espiritual, emocional, intelectual, física y material.

Génesis resume esto con una palabra muy significativa en hebreo: *Yada*.

Conoció Adán a su mujer Eva. **Génesis 4:1 RVR60**

La palabra *Yada* se ha traducido al español como «conocer», pero su significado amplificado es «conocer completamente y ser completamente conocido».

«Conocer» en hebreo es mucho más que acumular información acerca de la otra persona, se trata de experimentar a la otra persona. Simbólicamente, podría representarse como el acto de nadar en las profundidades del alma de otra persona. Sin duda, esa palabra evoca un acceso exclusivo a los secretos del corazón del otro.

Hace poco, participé en una boda al estilo judío y me fascinó el símbolo con el cual concluyeron la ceremonia. Se les sirvió vino a los novios en una copa de cristal y los dos bebieron de ella hasta no quedar una gota. Después, la novia puso la copa a los pies del novio y este la pisó con fuerza, rompiéndola en pedazos delante de todos, mientras el salón era inundado con gritos de alegría. Se le puede dar interpretaciones diferentes a esta costumbre tan pintoresca, pero creo que una de las más hermosas es la que destaca que de esa copa que han bebido los novios nadie más beberá. Ya nadie podrá usarla y será su copa exclusiva para siempre.

PASIÓN EN EL TÁLAMO NUPCIAL

Al terminar de intercambiarse los votos, los novios todavía no estaban casados. Debían ser acompañados por sus familias y amigos al lugar donde sellarían su unión, una tienda muy especial llamada el tálamo nupcial. Una tienda acondicionada especialmente para facilitar la unión sexual de los novios, con una mesa llena de frutos, dulces y vino, alfombras y cojines, y una cama decorada con todo lujo de detalles.

Porque sin unión sexual no hay unión de almas.

No hay matrimonio.

Un beso en la boca era la señal pública de lo que los novios harían en la privacidad del tálamo nupcial. Porque, antes y ahora, las relaciones sexuales comienzan con un beso. Y ese era su primer beso de los mil que se darían en los siguientes minutos. De los millones que se darían en los próximos años.

Ese encuentro sexual era esperado, deseado y demandado por los testigos. Hasta que ese encuentro no se producía, no comenzaba la fiesta de la boda. No había el surgimiento de una nueva familia sin unión sexual, por lo que no había nada que celebrar hasta que ese encuentro íntimo no se produjese.

Por eso, los familiares colocaban la *Chuppah* sobre la cama nupcial y esperaban fuera mientras se sellaba la unión a través del coito.

Sí, lo has leído bien, la familia esperaba fuera, cantando canciones para inspirar a los que estaban dentro. Su papá y su suegra. Sin ningún tipo de vergüenza, sino con su aprobación. Porque el sexo no fue diseñado para ser un secreto incómodo, algo que se hace a escondidas en un motel, sino como algo íntimo para el matrimonio, pero digno de ser celebrado por las personas importantes en la vida de la pareja. Mucho menos el sexo fue creado para producir culpa delante de Dios, sino para traer gozo a su corazón.

EL SEXO EN EL MATRIMONIO ES ALGO DIGNO, BENDECIDO POR LA PRESENCIA DE DIOS Y CELEBRADO POR LA FAMILIA

Bajo el *Tallit*, se acariciaban con pasión, se presionaban el uno contra el otro con un abrazo tan intenso con el que casi se traspasaban la piel y se acariciaban el alma. Se escurrían sobre el cuerpo del otro, ayudados por el sudor del que se entrega sin medida. Mirándose a los ojos, respiraban el aliento de su amado, descubrían el sabor de sus labios y el olor de su pelo. Bajo la presencia de Dios hacían el amor, porque Dios es el Dios del amor. Y el Dios del sexo. Porque Dios creó el sexo para amar.

En definitiva, el sexo en el matrimonio es algo digno, bendecido por la presencia de Dios y celebrado por la familia.

Cuando los novios salían del tálamo nupcial, los padres de ellos entraban en busca de las marcas de sangre virginal de la mujer sobre la cama para validar el matrimonio. Entiende esto, aunque te resulte incómodo. A pesar de que la verdadera virginidad está más relacionada con el alma que con el cuerpo, el derramamiento de sangre está involucrado en el acto sexual de la pareja virgen. Porque para Dios el matrimonio no es un contrato humano que se firma con tinta, es un pacto espiritual que se sella con sangre. Porque en el mundo de Dios todo pacto se confirma con sangre. Eso es espiritual.

Me atrevería a decir que no hay nada más exclusivo en la pareja que sus encuentros sexuales. Les pertenece a ellos y no debe compartirse con nadie más. Sin embargo, en una sociedad donde el sexo se proyecta en las pantallas, se vende por Internet y se practica sin compromiso, es fácil olvidar que el sexo es espiritual.

Nos han hecho creer que es solo carne.

Nos han hecho pensar que solo es intercambio de fluidos.

Nos han convencido de que solo es instinto.

Nos lo han presentado como simple apareamiento, como en un documental de National Geographic. De hecho, muchos de los encuentros sexuales en nuestra cultura se parecen demasiado a eso.

Solo hay que escuchar cómo hablamos para saber cómo pensamos:

No te fíes de ese zorro.

Es una loba en la cama.

Fui presa de sus encantos.

Fue una noche salvaje.

Reducir el sexo a algo animal.

Sin ningún propósito trascendente. Pura biología. Punto.

Pero Dios dice que el sexo es espiritual, de hecho, pocas cosas son tan espirituales como el sexo. Es una unión misteriosa donde las almas se funden mientras los cuerpos se unen.

Los dos llegan a ser como una sola persona. **Génesis 2:24**

Esta unión misteriosa de dos personas que siguen preservando su identidad individual, pero al mismo tiempo se convierten en un solo ser, apunta a algo que nos trasciende. Por eso, Dios demanda que esos encuentros sexuales se produzcan dentro del pacto matrimonial. Para proteger la conexión.

Vale la pena luchar por preservar ese vínculo espiritual y la evidencia es que pocas cosas son más atacadas por Satanás que esa conexión tan especial.

ECHAD

La Biblia dice que Dios espera que sus hijos reflejen en este mundo lo que él es o, mejor dicho, quien es él.

Entonces Dios dijo: «Hagamos a los seres humanos a nuestra imagen, a nuestra semejanza, para que ejerzan poder sobre los peces, las aves, los animales domésticos y salvajes, y sobre los reptiles». De modo que Dios creó a los seres humanos a su imagen. Sí, a su imagen Dios los creó. Y Dios los creó hombre y mujer. **Génesis 1:26-27**

En el Antiguo Oriente, en el contexto en el fueron escritas estas palabras, los templos eran lugares de adoración y se creía que en ellos residía la presencia de algún dios en particular. En esos lugares sagrados, se colocaba un ídolo hecho de piedra, metal o madera para que representase la «imagen visible» de ese dios. Así, la gente podría saber cómo era ese dios, qué representaba. El huerto del Edén era un lugar sagrado, un lugar lleno de la presencia del Dios verdadero, pero en ese templo Dios no quería un ídolo que le representase, quería que el ser humano fuese su «imagen». Si alguien quería saber cómo era Dios, qué representaba, solo tenía que mirar al hombre. De hecho, podemos observar cómo el decálogo de la Ley prohibía expresamente hacer una figura representativa de Dios, porque para Dios solo el ser humano es su imagen. Ese era el plan original, pero el Pecado lo distorsionó.

Pero, ¿quién de los dos era la imagen más precisa de Dios? ¿El hombre o la mujer? ¿Quién le representaba mejor?

La respuesta se encuentra en la palabra *«echad»*.

«Echad» es la palabra en hebreo que se utiliza en Génesis 2:24 para decir que Adán y Eva se hacen *«uno»* y es la misma palabra en hebreo que se utiliza en Deuteronomio 6:4 para decir que Dios es *«uno»*.

¿Puedes captar a dónde quiero llegar?

Adán fue creado a imagen de Dios y le representaba en este mundo de muchas maneras. Eva fue creada también a imagen de Dios y le representaba en este mundo de otras muchas maneras. Sin embargo, la unión de Adán y Eva era la máxima representación de la Trinidad sobre la tierra.

Adán y Eva eran uno como Dios es uno. En su unión, reflejaban la naturaleza de la divinidad, tan inexplicable pero hermosa como el misterio de la Trinidad. Por lo tanto, la finalidad del matrimonio no es el matrimonio en sí mismo, sino señalar a alguien que está más allá de ellos: Dios. Su unión es una imagen, es un reflejo de lo que Dios es.

Podemos notar el deseo que Dios tiene de reflejarse a través del matrimonio en el hecho de que los escritores del Nuevo Testamento nos desafían constantemente a tomar como modelo matrimonial la relación que Jesús tiene con la Iglesia. Es como si Dios los comisionase diciendo: «Sean mi mensaje al mundo, que su matrimonio le diga al mundo de qué está llena la Trinidad».

¿Cómo?

CUANDO UN MATRIMONIO SE ROMPE EN LA IGLESIA, EL EVANGELIO PIERDE CREDIBILIDAD ANTE EL MUNDO

Manteniéndose unidos cuando separarse sería la opción más sencilla. Cuando el mundo vea que a pesar de las dificultades siguen creyendo el uno en el otro, que a pesar de las ofensas se perdonan mutuamente, y que a pesar de las opciones siguen eligiéndose el uno al otro una vez más, podrá entender que la Trinidad está llena de eso: llena de perseverancia, perdón y compromiso. En otras palabras, Dios espera que el matrimonio sea el Evangelio que otros puedan leer, no por contar una historia perfecta, sino por contar la historia de un amor que persiste. Que no se rinde.

Por esa razón, cuando un matrimonio se rompe en la Iglesia, el Evangelio pierde credibilidad ante el mundo. No es casualidad que Jesús orase por sus discípulos, esa oración que fue tan urgente entonces como lo es ahora: *«que todos estén unidos. Padre, así como tú estás en mí y yo en ti ... para que el mundo crea»* (Juan 17:21). Lo que Jesús estaba diciendo es que la unidad es un asunto de credibilidad delante del mundo. La gente no tiene por qué creernos, aunque prediquemos el mensaje correcto, si no nos ve unidos. Cuando permitimos que los índices de divorcio en la Iglesia sean exactamente iguales a los de la sociedad, nuestro mensaje pierde credibilidad. Probablemente, la aceptación del divorcio en nuestras iglesias como una opción válida para resolver los problemas, ha sido una de las mayores victorias del infierno.

Hace unos meses, volvió a ocurrir esta tragedia una vez más, dos amigos nuestros se divorciaron. Era un matrimonio comprometido en el servicio de la iglesia local, que a los ojos de sus amigos componían una preciosa pareja. Obviamente tenían sus desafíos, como todos los matrimonios, pero se percibían como una pareja que se complementaba muy bien. Cuando nos dijeron que habían decidido divorciarse, casi me atraganto con el café. No podía creer el argumento para justificar el final de su matrimonio.

Dijeron: «Se acabó el amor, somos unos excelentes compañeros de piso, pero ya no hay pasión entre nosotros». A lo que yo respondí: «No se les acabó el amor, se les acabaron las ganas de mantenerlo vivo. El amor no se acaba, lo dejas morir. El amor no es como la energía en una batería, que se gasta con el uso, el amor es como una planta, cuya vida depende de ser regada. Simplemente se les acabaron las ganas de cuidar esa planta que sembraron juntos el día de su boda».

No quiero ser insensible con aquellos que deciden ponerle fin a su matrimonio, porque entiendo que existen razones para divorciarse. Cuando la violencia, el abuso o la infidelidad intoxican una relación, asesinan el amor. Pero me preocupa que nuestra generación asuma que el divorcio es una buena opción para solucionar los problemas de convivencia. Quizá esta manera tan cobarde de amarnos está inspirada en una sociedad de consumo que tira rápidamente a la basura lo que se rompe y se compra algo nuevo.

Nuestro primer año de matrimonio también fue difícil, porque unir a dos y hacerlos uno siempre implica fricciones. Algunas de mis estupideces provocaron más de una discusión, por ejemplo, mi idea ridícula de que podía seguir manteniendo hábitos de soltero estando casado, como decidir a qué hora me metía en la cama. Aún recuerdo cuando mi esposa se preparaba para irse a dormir y me invitaba a acompañarla. Ella estaba convencida de que ser matrimonio era irse a dormir a la vez, pero yo, que estaba acostumbrado a trasnochar, me negué varias veces a meterme en la cama tan pronto, lo que provocó una fuerte exhortación de mi esposa: «Si querías vivir como un soltero, no te hubieras casado». Y aunque mi esposa tenía razón, mi soberbia me hacía contestarle: «Pues quizá no debería haberme casado contigo». Lo preocupante no eran los desacuerdos, sino que tomamos como costumbre amenazar al otro con el divorcio. Aunque no lo pensábamos en realidad, usábamos esa amenaza para manipular la situación. Pero un día el Espíritu Santo me confrontó con dureza diciéndome: «No habrá futuro para su matrimonio hasta que no arranquen esa maldita palabra de su vocabulario». Después de esa confrontación, comprendí que, para el que ama de verdad, el divorcio no es una opción y acordamos que jamás volveríamos a usar esa palabra en nuestras discusiones. Por eso, cuando peleamos, no nos queda otro remedio que arreglarlo, porque escapar ya no está dentro de nuestras opciones.

Dios espera que un día podamos mirar a nuestra pareja y exclamar: «Ella es hueso de mis huesos y carne de mi carne». En la Biblia, los huesos se refieren a la fortaleza y la carne a la debilidad, por lo que podría traducirse así: «En lo que yo soy débil ella es fuerte, en lo que ella es débil yo soy fuerte».

Dios sabe que si luchamos por nuestra unidad podemos llegar a convertirnos en algo inspirador para este mundo.

Eso no te lo puede dar una relación fugaz.

Esa es la recompensa de un pacto.

JESÚS EL SALVADOR DE LAS BODAS

Finalmente, comenzaba la fiesta y los judíos eran expertos en esto. Un banquete público para todo el pueblo, una semana de canciones, bailes y risas; la fiesta por la cual el novio y la novia serían recordados en su comunidad. Era un acontecimiento donde el nombre de toda la familia era expuesto públicamente.

Con este trasfondo en mente, el Evangelio de Juan nos presenta un incidente no pequeño que ocurrió en el transcurso de una boda en Caná de Galilea.

Tres días más tarde hubo una boda en el pueblo de Caná de Galilea, y la madre de Jesús estaba allí. También Jesús y sus discípulos habían sido invitados a la boda. El vino se acabó y entonces la madre de Jesús le dijo: «Ya no tienen vino». **Juan 2:1-3**

Para los judíos, el hecho de que el vino se hubiese agotado en una celebración social tan importante como esa, no era un error que pasaría inadvertido. En una cultura basada en el honor, representaba una vergüenza para la familia. El vino era el elemento más importante de un banquete en oriente y, probablemente, se había agotado cuando todavía faltaban unos días para concluir la celebración. Si el vino se acababa, se acababa la fiesta, y la risa de los novios se convertiría en llanto.

Entonces, Jesús se identificó con el dolor de esta pareja e hizo un milagro. Convirtió seiscientos litros de agua en vino, suficiente para alargar la fiesta todo lo necesario y salvar el honor de la familia. Además, la calidad del vino hizo que la pareja fuese alabada por la comunidad. El Evangelio describe este milagro como «la primera señal de Jesús».

Ahora, todos sabemos que la función de las señales es apuntar a algo más importante que la señal en sí misma. Pero si te quedas absorto mirando la señal, puedes perderte aquello a lo que señala.

Entonces, ¿a qué apuntaba esta señal?

¿Por qué la primera señal de Jesús fue salvar la celebración de una boda convirtiendo el agua en vino?

Porque Jesús estaba apuntando a su propia boda. A ese momento en el que la Iglesia, tú y yo, su amada novia, nos unamos a él eternamente.

Alegrémonos, regocijémonos y démosle gloria, porque ha llegado la hora de la boda del Cordero; y a su novia, que ya está preparada, se le ha permitido vestirse del lino más fino, limpio y resplandeciente.
Apocalipsis 19:7–8

Al salvar a esos novios de su vergüenza, estaba apuntando al momento en el que ya no habrá nada de lo que avergonzarse. Esa señal apuntaba a la esperanza del universo, cuando seamos unidos a Jesús para siempre y regresemos al paraíso a celebrar nuestra boda.

Donde no habrá más dolor, ni enfermedad, ni sufrimiento.

Donde solo habrá lágrimas de alegría.

Donde la muerte habrá muerto.

Un lugar donde habrá vino para todos eternamente.

Cada vez que una boda se celebra en este mundo, es una señal que apunta a la Gran Boda.

EL COSTO DE LA BODA

Pero, sinceramente, el costo para Jesús de esta Gran Boda ha sido muy alto y creo que esto nos enseña algo acerca de lo que cuesta un matrimonio.

Adán fue sometido a un sueño placentero para recibir a Eva, pero Jesús fue sometido a una muerte terrible para recibir a la Iglesia. Adán fue abierto en su costado y el precio que pagó para obtener a su esposa fue una simple costilla, Jesús fue abierto en su costado y el precio que pagó para obtener a su esposa fue cada gota de su sangre.

No podemos quedarnos con la primera señal del agua convertida en vino y olvidar la última señal de la cruz. La primera apuntaba a la esperanza, pero la última apuntaba al costo.

NO HAY EVANGELIO SIN CRUZ, NI MATRIMONIO SIN SACRIFICIO

Si el matrimonio representa la historia del Evangelio, esta es una historia donde alguien pierde su vida para que otro pueda ganarla. ¡Estoy cansado de la perspectiva sentimentalista sobre el matrimonio! Porque el matrimonio es muchas cosas, excepto sentimentalismo. El matrimonio es una señal hermosa, pero también una señal dolorosa. El matrimonio es la encarnación del Evangelio con todas sus implicaciones, y, si no recuerdo mal, la última vez que leí el Evangelio trataba de Jesús persistiendo en amarnos a pesar de nuestras traiciones, siendo paciente con nosotros, perdonando nuestros errores, siendo fiel a pesar de nuestra indiferencia y manteniendo la pasión por cada uno de nosotros hasta el final. Por lo tanto, no hay Evangelio sin cruz, ni matrimonio sin sacrificio.

No es casualidad que en nuestra cultura usemos la expresión «llevar al altar» como sinónimo de casarse con alguien, porque tanto un matrimonio como un altar son el lugar donde se hacen los sacrificios a Dios. Cualquier sacrificio que se haga por amor en un matrimonio es una ofrenda a Dios.

Pero Jesús, el Novio, nos recuerda algo que no debemos olvidar: aunque el costo fue muy alto, cuando el Padre traiga de la mano a la radiante Novia y una sus manos, todo sacrificio quedará recompensado eternamente.

———

Foto de Claudia Van Zyl en Ur

06

PIEDRAS Y SERPIENTES

DIOS NO BENDICE AL QUE NO CUBRE LAS VERGÜENZAS DE SUS PADRES

EL AMOR VERDADERO NACE DE LOS TIEMPOS DIFÍCILES.

JOHN GREEN

*Noé, que era agricultor, plantó una viña e hizo vino. Un día bebió
tanto vino que se emborrachó y se quedó desnudo, tendido en el piso
de su carpa. En esas, Cam, el padre de Canaán, entró a la carpa y vio
a Noé desnudo. Al salir de la carpa le contó a sus hermanos que había
visto a su padre desnudo. Entonces Sem y Jafet tomaron una túnica,
se la echaron sobre los hombros y, para evitar ver la desnudez de su
padre, entraron caminando hacia atrás y lo cubrieron. Cuando Noé
despertó de su borrachera y supo lo que le había hecho su hijo menor,
dijo: ¡Maldito sea Canaán y sus descendientes!*

Génesis 9:20–25

Esta es una de las historias más extrañas de la Biblia.

El acontecimiento descrito en estos versículos ocurrió justo después de
uno de los juicios divinos más severos que ha presenciado la humanidad,
conocido como el gran diluvio. Fue un cataclismo que puso fin a la vida
sobre el planeta tierra tal y como se conocía hasta ese momento.

La Biblia dice que el corazón del ser humano se corrompió de tal manera
que todos sus pensamientos eran malvados. El escenario que se describe
es terrible. Violencia, engaño y lujuria se convirtieron en la cultura de
una humanidad con la mente pervertida. Al punto de hacerse tan insoportable para Dios que *«le dolió [haber creado al hombre] y se llenó de
mucho pesar».* (Génesis 6:6).

El juicio contra la maldad no fue un arrebato divino, de hecho, la
paciencia de Dios se extendió durante siglos a la espera de que los
hombres se arrepintiesen de sus malas acciones, pero, al no hacerlo, el
diluvio fue una respuesta acorde con las dimensiones de la maldad que
inundaba la tierra.

Sin embargo, en medio de todo ese mar de oscuridad, Dios encontró
una pequeña gota de luz: el corazón de un hombre llamado Noé. Por
lo tanto, Dios decidió que el diluvio arrasaría toda la vida vegetal,
animal y humana sobre la faz de la tierra excepto aquella que sería
preservada en un «arca de salvación», un barco de grandes dimensiones
construido por Noé y su familia, que serviría como refugio para las semillas y especies animales que repoblarían el nuevo mundo junto con

ellos. Dios comenzaría de nuevo su historia con el hombre, confiando en que los descendientes de Noé no seguirían los mismos caminos que los descendientes de Adán.

Pero, de repente, después de que Noé, su familia y el remanente de la vida vegetal y animal desembarcaran para comenzar una nueva historia, llegamos a este episodio inesperado. Noé, el hombre íntegro, que se había mostrado diferente al resto de la humanidad, plantó una viña, hizo vino y se emborrachó.

El hombre elegido por Dios para comenzar una nueva humanidad, borracho.

La historia no cuenta que Noé bebiera vino y estuviera en un estado jocoso, sino que se intoxicó, inundó su estómago de alcohol y se embriagó de tal manera que se quedó tirado en el suelo de su tienda. Allí estaba el hombre de Dios, inconsciente, desnudo y sin capacidad para mantenerse en pie, tendido sobre el barro en un estado vergonzoso. Era la estampa de la ridiculez. Noé, el elegido para redimir la historia humana, borracho.

Analicemos el contexto, porque resulta fácil juzgar a Noé, ¿has pensado en los motivos que pudieron impulsarlo a buscar consuelo en el alcohol? Piénsalo por un momento. Noé tuvo que presenciar cómo todas aquellas personas que había conocido durante su vida fueron aniquiladas por el juicio de Dios. Ciertamente, eran personas malas, pero algunas de ellas fueron sus compañeros en la infancia, vecinos o incluso familiares. De hecho, sabemos que Noé intentó persuadirlos para que se arrepintiesen por lo que podemos deducir que existía cierto aprecio en su corazón hacia aquellas personas.

Imagina el momento en el que la puerta del arca se cerró sobrenaturalmente y comenzó a llover.

Imagina cómo muchos de ellos fueron al arca y la golpearon desesperadamente, diciendo: «Noé, ábrenos», sin que Noé pudiese abrir una puerta cerrada por la mano de Dios.

Imagina cómo Noé escuchó desde el otro lado los gritos de las madres cargando a sus bebés, suplicando entrar.

Imagina cómo se oían los chillidos desgarradores de los que sabían que iban a morir ahogados sin remedio.

Solo imagínalo.

Esta no es una historia que contar a los niños mientras hacen un dibujito del arca llena de animales, esto es el testimonio del exterminio de una generación. Y, por muy duro que pueda sonar, de un juicio justo.

Tal vez, esa impactante escena se quedó grabada en la memoria de Noé. Y quizá, no lo sabemos, Noé bebió para olvidar. Al fin y al cabo, Noé era un hombre con debilidades, como todos nosotros. Cualesquiera que fuesen las razones, conocemos el resultado: Noé se emborrachó.

La historia describe cómo Cam, uno de los hijos de Noé, llegó a la tienda de su padre y lo vio desnudo, tendido en el suelo, en esa bochornosa situación, y cómo, en vez de socorrerlo, lo juzgó. Lo miró con superioridad moral y lo juzgó por su embriaguez. Pero, no solo lo juzgó, sino que además lo dejó tirado y abandonado a su suerte. Después, parece que se le ocurrió la gran idea de contarles el chisme a sus hermanos.

Por el contrario, sus hermanos hicieron algo muy diferente. Tomaron un manto, se lo pusieron sobre los hombros y, caminando hacia atrás para no ver la desnudez de su padre, se acercaron a él y le cubrieron en su vergüenza. En una actitud de respeto hacia su padre, evitaron verle desnudo y le cubrieron con compasión en medio de su indignidad.

> **LA RELACIÓN CON NUESTROS PADRES PROBARÁ LA CALIDAD DE NUESTRO AMOR**

Cuando Noé despertó y supo lo que habían hecho sus hijos, bendijo a quienes le cubrieron, pero maldijo al hijo que lo juzgó y lo dejó abandonado.

DESHONRA

Existe una relación que ninguno de nosotros elegimos, que nos viene impuesta desde el momento en el que nacemos; me refiero a la relación con nuestros padres. Me atrevo a afirmar que esta relación, más que cualquier otra en nuestra vida, probará la calidad de nuestro amor. Esta prueba ineludible para nuestro corazón, que revelará nuestra verdadera naturaleza interior, se basa en si seremos capaces de honrar a unos padres imperfectos, aun cuando quede expuesta su vergonzosa desnudez delante de nosotros.

Con el triste testimonio de lo ocurrido entre Cam y Noé, Dios quiere advertirnos de que una generación que no sabe cubrir la «desnudez» de sus padres es una generación maldita, que no prosperará. Cuando hago referencia a la desnudez de los padres me estoy refiriendo a sus errores, a sus fracasos morales y a sus muestras de debilidad. Es decir, sus vergüenzas. Me refiero a honrarlos a pesar de sus imperfecciones, a tratarlos con dignidad aun cuando descubramos sus debilidades. Cubrirlos con el manto de la compasión, el respeto y la ternura, cuando sus desfases les hagan quedar tendidos en el suelo avergonzados.

¡Qué difícil es honrar a alguien a quien conocemos tanto!

POR ALGUNA MISERABLE RAZÓN, ENCONTRAMOS CIERTO PLACER EN SENTIRNOS MORALMENTE SUPERIORES

El error de Noé, aunque pudo ser una decepción para Cam, no era una excusa para la deshonra de su hijo. Es más, creo que el error de Noé fue una prueba para el corazón de su hijo, ya que es en situaciones como esa, cuando las vergüenzas de nuestros padres quedan expuestas frente a nosotros, cuando se revela la calidad de nuestro amor. Honestamente, es fácil honrar a las personas de las que solo conocemos sus virtudes, pero la prueba del amor llega cuando Dios nos ordena honrar a aquellos a los que conocemos demasiado. Aquellos a los que hemos visto contradecirse, perder los nervios, fracasar en sus promesas y no estar a la altura de sus valores. Aquellos a los que estamos observando desde el día en que nacimos. Nuestros padres.

¡Qué sencillo es mirar con superioridad moral a un padre abatido en el suelo! Por alguna miserable razón, encontramos cierto placer en sentirnos moralmente superiores a aquellos que son autoridad sobre nuestra vida. En el fondo, aunque no lo queramos admitir, nos hace sentir justificados. La voz de nuestro juicio ahoga en nuestra alma a la voz de nuestra conciencia, la que nos recuerda nuestros propios errores. Tristemente, he visto a tantos hijos ponerse sobre una plataforma de superioridad moral y juzgar las vergüenzas de sus padres, arremetiendo contra ellos con actos de desprecio. Años después, he visto a esos hijos convertirse en la misma imagen de aquello que tanto juzgaron. La experiencia me ha demostrado que siempre te conviertes en aquello que juzgas sin compasión.

Es cierto que Noé se emborrachó, pero en el listado de héroes de la fe del libro de Hebreos aparece su nombre destacado, sin embargo, el nombre de Cam, el hijo que lo deshonró, quedó ligado a una maldición que afectó a todos sus descendientes. Por esa razón, la ley en el pueblo hebreo establecía que el hijo maldito debía ser apedreado a las afueras de la ciudad, para impedir que la maldición se propagase a la siguiente generación. Así de grave se consideraba la deshonra a los padres. Sé que esto puede resultar particularmente sorprendente para una generación como la nuestra, acostumbrada a menospreciar a sus mayores.

El apóstol Pablo escribió una carta a Timoteo, su amado discípulo, en la que describió de forma profética el tipo de personas que habría sobre la Tierra antes del fin de los tiempos.

Dejó escrito en su lista:

Solo tendrán amor por sí mismos y por su dinero.

Serán fanfarrones y orgullosos.

Se burlarán de Dios y no considerarán nada sagrado.

No amarán, ni perdonarán y calumniarán a otros.

> **UN SIGNO QUE EVIDENCIA LA DEPRAVACIÓN DE UNA GENERACIÓN ES LA DESHONRA A SUS PADRES**

No tendrán control propio.

Serán crueles y odiarán lo que es bueno.

Traicionarán a sus amigos, serán imprudentes y se llenarán de soberbia.

Amarán el placer en lugar de amar a Dios.

Y en esta lista en la que se describe a un tipo de personas terribles, muy parecidas a aquellas que fueron juzgadas por Dios en el diluvio, siempre me golpea el alma hallar que se encuentran también los «*desobedientes a sus padres*». (2 Timoteo 3:2).

Esto me hace pensar en que un signo que evidencia la depravación de una generación es la deshonra a sus padres. Si somos capaces de eso, somos capaces de todo lo demás.

MALDICIÓN

No puedo quitarme de la cabeza las últimas palabras del Antiguo Testamento, la manera en la que se cierra el libro antes de la llegada de Jesús. La profecía declarada por el profeta Malaquías, que versa así:

[Él] hará volver el corazón de los padres hacia sus hijos y el corazón de los hijos hacia sus padres. De lo contrario, vendré y haré caer una maldición sobre la tierra. **Malaquías 4:6 NTV**

El profeta conecta el estado de la relación entre padres e hijos con el estado de la Tierra, es decir, según el profeta, la maldición en la Tierra está relacionada con la desconexión del corazón de los padres del corazón de los hijos. Es como si dijese: «Lo que ocurra entre los padres y los hijos, la manera en la que respondan sus corazones a las pruebas que surgirán en esa relación, va a afectar el destino del mundo». Por lo tanto, es probable que este capítulo del libro, más que ningún otro, exponga una prueba para el amor que determinará la maldición o la bendición de nuestro mundo. Aquí, no solo estamos hablando de restaurar la relación entre padres e hijos, sino de sanar la Tierra.

No quiero resultar exagerado, pero la Biblia enfatiza que la honra a los padres es un asunto primario para Dios y la deshonra, una transgresión con graves consecuencias para el que la comete y, finalmente, para la sociedad.

La ordenanza divina de honrar a los padres está incluida entre los diez mandamientos esenciales. Los primeros cuatro establecen pautas para nuestra relación con Dios y los últimos seis establecen pautas para nuestra relación con el prójimo. El mandamiento de honrar a los padres es el quinto, está en el centro y, además, es el único cuyo cumplimiento lleva incorporado una promesa. ¡Y qué promesa! La promesa de larga vida y prosperidad. Siempre he creído que Dios tuvo que incorporar una recompensa de esas dimensiones al cumplimiento de ese mandamiento porque sabía que era el más difícil. Como si todo hijo necesitase un aliciente extra para hacerlo. Además, me resulta llamativo que la primera relación humana a la que el decálogo hace mención es la relación con nuestros padres. Es como si Dios intentase decirnos que la manera en la que respondamos en esa relación primaria determinará como responderemos en las demás.

Hace un tiempo, leí en una revista de divulgación unas estadísticas que me hicieron comprender por qué la relación con nuestros padres es tan determinante. Al parecer, el ochenta por ciento de las personas que terminan en la cárcel por atentar contra otras personas tuvieron una relación disfuncional con sus padres. En la ley de Dios, la «honra a los padres» está por delante de otros mandamientos como «no robar», «no dar falso testimonio», «no codiciar la mujer ajena» o «no matar». Probablemente, esto se debe a que quien comienza atentando contra sus padres de alguna manera, quien es capaz de engañarlos, insultarlos o agredirlos, será capaz de cometer toda clase de males contra otros. Seamos claros: nadie se convierte en un delincuente de la noche a la mañana, sino que se trata de un proceso lento que comienza en la casa paterna, cuando determinamos cómo responder ante nuestros padres. Y digo esto siendo consciente de que la situación que muchos han vivido en sus familias ha podido ser muy complicada. Hay padres que son unos auténticos tiranos.

La pregunta es: ¿en qué tipo de persona te quieres convertir?

Porque la respuesta de tu corazón ante las injusticias que vivas en tu familia determinará el tipo de persona que llegarás a ser.

La Biblia dice que: *«Al que maldice a su padre o a su madre, la lámpara de su vida se le apagará en la más terrible oscuridad»* (Proverbios 20:20). Esto significa que la deshonra a tus padres te convierte en un tipo de persona, un tipo de persona cuya luz interior se apaga.

Al leer estas palabras, siempre me imagino una vela encendida sobre la cual alguien pone una urna de cristal. En los primeros segundos, o incluso minutos, la llama sigue ardiendo con fuerza como si nada hubiese ocurrido, pero, cuando el oxígeno del interior de la urna se va consumiendo, la llama pierde fuerza hasta que se apaga completamente. De la misma manera, la deshonra encierra tu luz interior dentro de una urna hermética. Al principio, parecerá que sigues brillando, pero, si no haces pedazos ese aislamiento en tu interior, si no quiebras la deshonra en tu vida, tarde o temprano te consumirás y quedarás en una terrible oscuridad.

PIEDRAS Y SERPIENTES

La respuesta de tu corazón ante las injusticias que recibas por parte de tus padres va a determinar la clase de persona en la que te convertirás. No olvides que los diamantes, antes de ser piedras preciosas, eran sencillos carbones que fueron sometidos a una gran presión. Es decir, la presión fue el mecanismo a través del cual experimentaron una transformación en su naturaleza. De la misma manera, el tipo de corazón que aprende a amar de verdad surge en situaciones de conflicto, bajo la presión de la injusticia. Todo depende de nuestra respuesta.

Esto me recuerda a una pregunta que Jesús hizo a los padres en una ocasión:

Si sus hijos les pides un pedazo de pan, ¿acaso les dan una piedra en su lugar? O si les piden un pescado, ¿les dan una serpiente? **Mateo 7:9-10 NTV**

Lamentablemente, yo he conocido a algunos padres que sí les han dado piedras y serpientes a sus hijos. Me refiero a padres que, consciente o inconscientemente, han lanzado piedras de juicio contra sus hijos y les han intoxicado con las mentiras de la serpiente. Algunos hijos deciden guardar esas piedras y serpientes y terminan pasándolas a la siguiente generación, perpetuando la maldición en la familia. Sin embargo, otros hijos se convierten en regeneradores. Toman esas piedras y se construyen un altar privado donde adorar a Dios en medio de la injusticia, y toman esas serpientes y usan el veneno para crear medicina para su familia. Ese tipo de hijos convierten la maldición en bendición, rompen ciclos que han podido repetirse durante generaciones y crean nuevas dinámicas en las relaciones familiares.

Cuando mi mujer y yo nos íbamos a casar, éramos conscientes de que aún cargábamos algunas piedras y serpientes en nuestra mochila, pero estábamos seguros de que no queríamos perpetuar algunas dinámicas que habíamos vivido en nuestras familias. Nuestros padres fueron buenos y sin duda hicieron las cosas lo mejor que supieron, pero eran imperfectos. Ellos mismos cargaron con ciertas piedras y serpientes que heredaron de sus propios padres. Pero llegamos a la conclusión de que una buena manera de honrar a nuestros progenitores era convirtiéndonos en regeneradores. Por lo que oramos a Dios para que su Espíritu nos ayudase en una tarea tan difícil como esa, porque cualquiera puede perpetuar la maldición sin esfuerzo, pero convertir la maldición en bendición es una ardua tarea. Tomamos el juicio y lo convertimos en adoración, orando: «Gracias Dios por nuestros padres, porque tú los elegiste a ellos para traernos a la vida y tu plan fue perfecto». Tomamos también las mentiras y las convertimos en medicina, orando: «Ayúdanos Dios a convertir todo el sufrimiento que provocó el veneno de las mentiras que creímos en medicina para sanar a otros, que cada experiencia vivida nos sirva para convertirnos en médicos del alma». Ya han pasado algunos años desde esa oración y seguimos esforzándonos en transformar la maldición en bendición. Sobre todo, ahora que tenemos un bebé. No queremos llenar su cuna de piedras y serpientes.

JUECES Y EJECUTORES DE PADRES

Imagino que Noé fue un excelente padre en muchos sentidos, pero un día cruzó la raya, se emborrachó y quedó tendido en el suelo desnudo. No sé si alguna vez has visto a tu padre o a tu madre perdiendo el control después de haber bebido unas copas de más, pero seguramente has presenciado otras situaciones vergonzosas.

Viste como tu madre humillaba a tu padre en sus conversaciones.

Sorprendiste a tu padre en una mentira.

Los observaste comportándose de forma inmadura.

Fuiste víctima de sus arrebatos de ira y te castigaban injustamente.

Nunca les escuchaste pedir perdón.

En definitiva, sabes muy bien que tus padres son imperfectos. Mejor que nadie conoces quiénes son, porque los llevas observando desde el día en que naciste y podrías hacer una lista de todos sus errores.

Pero, cuando la desnudez de tus padres queda expuesta delante de ti, es decir, cuando te haces consciente de sus vergüenzas, es cuando se determina el tipo de corazón que tienes.

¿Vas a cubrir su desnudez con un manto de honra o vas a juzgarlos mientras los dejas tirados en el suelo?

Me preocupa el hecho de que, cada vez más, veo operando el espíritu de Cam en nuestra generación. Son demasiados los hijos que miran las vergüenzas de sus padres con superioridad moral y los juzgan. Pero, no solo eso, sino que además de jueces se hacen ejecutores y castigan a sus padres. Y existen muchas maneras en las que los hijos pueden castigar a sus padres, sin necesidad de golpearlos. Algunos los castigan con el silencio y deciden no hablarles o restringir al máximo la comunicación con ellos. Otros los castigan sin afecto físico, no los abrazan ni los besan, incluso evitan el más mínimo roce con ellos. Otros los castigan sacándolos de su vida, no dejando que conozcan a sus nietos o limitando el contacto. También están los que se burlan de ellos cuando los ven incapaces de usar una nueva tecnología, los que los avergüenzan en público, los que les elevan la voz y los que les miran con desprecio.

Conocí a un hombre que había cortado toda comunicación con su padre durante diez años. En ese tiempo, se había mudado a otra ciudad, se había casado y tenía una hija, pero su padre no sabía nada de esto. Al preguntarle, me dijo que ese era su castigo por haber sido un padre ausente.

LA HONRA ES UNA LENTE NUEVA QUE NOS PERMITE VERLOS A TRAVÉS DE LOS OJOS DE DIOS

Todos ellos justifican su deshonra pensando: «Lo merecen». Están convencidos de que su incapacidad para ser los padres que ellos demandaban que fueran les da pleno derecho a castigarlos.

Si tú eres uno de ellos, ¿estás listo para ser juzgado con la misma severidad con la que juzgas a tus padres? Porque Jesús dijo que *«de la manera como juzguen a otros, así Dios los juzgará a ustedes; Dios los va a tratar de la misma forma en que ustedes traten a los demás».* **(Mateo 7:2)**.

Y ten por seguro que terminarás convirtiéndote en la imagen de aquello que juzgas sin compasión.

HONRA INCONDICIONAL

Descubrir la importancia que tiene para Dios la honra a los padres y los efectos de la deshonra en mi vida, fue determinante para que yo cambiase la forma de mirar a mi papá.

Porque la honra es exactamente eso: una nueva forma de mirar a nuestros padres. La honra es una lente nueva que nos permite verlos a través de los ojos de Dios y no a través de la óptica de sus errores. La honra se trata de dar un alto valor a nuestros padres, no por lo que parece que son, sino por lo que Dios dice que son. La honra es enaltecerlos, darles un trato especial y celebrar su vida, porque son tus padres y eso es suficiente.

Pero yo tardé dieciocho años en entender esto.

Y no supe lo importante que era para Dios hasta que él respondió a una de mis oraciones con una contundencia que no esperaba. Yo le estaba pidiendo que me promocionase a mayores niveles de responsabilidad en su Reino, deseaba servirle con pasión, pero me dijo: «La conducta de tu corazón con tu papá te descalifica para servir en los asuntos de mi Reino».

Mi papá era un padre normal, un típico padre español. Se iba de casa muy temprano por la mañana y llegaba muy tarde por la noche. Era responsable, muy responsable. Todo el día trabajando para que a la familia no le faltase nada. Pero mi papá tenía una incapacidad para expresar afecto a sus hijos. No sabía dar un abrazo, ni decir un «te quiero». Un castrado emocional. Pero, claro, ¡¿cómo iba a saber expresar cariño si el único contacto que recibió de mi abuelo fue una patada en el trasero?! En su momento, yo no entendía el trasfondo de mi papá, no era capaz de entender que él cargaba piedras y serpientes que recibió de su padre. Solo lo comparaba con mi expectativa y lo reprobaba en mi corazón una y otra vez.

Además, mi papá era un hombre muy rudo y discutía mucho con mi mamá. Muchas noches, sin que ellos lo supieran, los oía discutir en la habitación. Hablaban de divorcio el sábado y el domingo en la iglesia hacían como que nada había ocurrido. Pensaba que eran unos hipócritas. Algunas noches, oía llorar desconsoladamente a mi mamá y eso hizo crecer en mí una ofensa hacia mi padre. El rencor fue mi sentimiento dominante durante muchos años.

Por eso y otras razones, emití mi juicio y lo declaré culpable. Pero no era suficiente, necesitaba castigarlo por no cumplir mis expectativas. Entonces, lo ejecuté durante años con mi silencio, con mi desprecio y con mi crítica constante. Porque cuando se trata de castigar a los padres, un hijo sabe cómo infligir dolor.

Ese era yo, el que se creía una víctima, pero se comportaba como un verdugo. El que demandaba ser comprendido y abrazado, pero nunca intentó comprender ni abrazar. El que se estaba convirtiendo en la viva imagen de aquello que tanto juzgaba.

Cuando Dios me dijo que estaba descalificado para los asuntos de su Reino por causa de la conducta de mi corazón hacia mi padre, tuve la insensatez de responderle: «Es que mi padre no se merece mi cariño porque no se lo ha ganado». Entonces, Dios me exhortó diciendo: «La honra es incondicional. No espero que honres a tu padre porque se lo haya ganado, espero que lo honres porque es tu padre, porque yo lo elegí a él para traerte a la vida y eso es suficiente para hacerlo merecedor de tu respeto. Si tu amor no da la talla en esto, no lo da para ninguna otra cosa en mi Reino».

¿Honra incondicional?

Podía asumir que alguien con una vida ejemplar fuese digno de mi honor, ¿pero honrar incondicionalmente a alguien solo por su posición de autoridad sobre mí? Mi mente no podía aceptarlo en ese momento. Pero con el paso de los años he llegado a comprender que uno puede honrar a alguien y no por eso negar la evidencia de que ese alguien no ha estado a la altura moral que requería su posición. Honrar a los padres no significa dar por bueno lo que es malo, ni dejarse humillar, ni obedecer órdenes contrarias a los principios divinos o permitir el abuso, más bien se trata de una posición de tu corazón respecto a ellos, de darles valor y respeto, rehusar a la venganza y devolverles bien por mal. Sé que es difícil aceptar el principio de la honra incondicional a los padres, pero ellos son personas importantes en tu vida, incluso aunque no hayan estado a la altura moral de su posición.

Honestamente, no me gustó nada esa conversación con Dios, que se repitió varias veces en ese año. Luché contra su Espíritu durante meses, negándome a quebrar mi deshonra. Pero, finalmente, entendí que la deshonra en mi vida estaba bloqueando los propósitos que Dios tenía conmigo y recuerdo bien la noche que quebré mi deshonra.

Volví a casa de un retiro. Como de costumbre, mi papá se había adelantado a mi mamá y ya estaba en la cama. Abrí la puerta de su habitación y me eché encima de él por sorpresa. Supongo que la escena se veía un poco extraña, pero así fue. Me abalancé sobre él en su cama, mientras él intentaba no perder la compostura. Le pedí perdón por todos los años que le había juzgado sin compasión y le abracé fuerte, mientras lloraba sobre su pecho. En ese momento, mi papá comenzó a llorar y me dijo: «No, hijo, perdóname tú a mí por no saber expresarte cariño cuando necesitabas las palabras y el abrazo de tu padre, pero ya sabes como soy». Entonces, hice algo, algo que quebró la deshonra en mi vida para siempre. Me puse de rodillas a los pies de la cama, delante de mi padre, y le dije: «Papá, bendíceme». Mi padre se quedó muy sorprendido con mi petición y, aunque supongo que se sentía un poco incómodo con la situación, imagino que al verme allí de rodillas pensó que ya no habría más remedio que hacerme caso. Por lo que me puso sus dos manos en la cabeza y comenzó a orar por mí con las pocas palabras que mi papá sabía usar; pero eran suficientes para mi alma.

Mientras eso acontecía, pude notar como mi manera de verle empezó a cambiar. Entiende lo que digo, mi papá no fue el que cambió, lo que cambió fue mi manera de ver a mi papá. Él siguió siendo imperfecto al día siguiente, con dificultades para expresar afecto, con un carácter particular, pero ahora podía verlo con ternura, a través de los ojos de Dios.

Entonces, oí la voz de Dios diciéndome: «Por cuanto has honrado a tu padre esta noche y has quebrado tu deshonra, voy a liberar el llamado en tu vida para servir a tu generación».

Sé que gracias a la decisión que tomé esa noche tú estás leyendo este libro hoy. Estoy convencido de ello.

¡Vamos! Toma esa piedra y machácale la cabeza a la serpiente.

CORONA A TUS PADRES

07

LA MANERA EN LA QUE TRATAS A TUS MAYORES TE DEFINE DELANTE DE DIOS

SI UNA PERSONA AMA SOLO A UNA PERSONA Y ES INDIFERENTE A TODAS LOS DEMÁS, SU AMOR NO ES AMOR, SINO UN APEGO SIMBIÓTICO O EGOÍSMO AMPLIADO.

ERICH FROMM

Junto a la cruz de Jesús estaban su madre, la hermana de su madre, María la esposa de Cleofas, y María Magdalena. Cuando Jesús vio a su madre, y junto a ella al discípulo a quien él quería mucho, dijo a su madre:

—Mujer, ahí tienes a tu hijo.

Luego, le dijo al discípulo:

—Ahí tienes a tu madre.

Desde ese momento, ese discípulo la recibió en su casa.

Juan 19:25-27

Qué escena tan conmovedora.

Es como ese pequeño detalle en medio de la trama de una película, que abre un paréntesis en el hilo argumental de la historia para contarte algo acerca de la relación entre los protagonistas, y, sin saber muy bien por qué, te toca la fibra sensible del corazón y logra sacarte una lágrima de las entrañas.

Sí, lo admito, soy un poco llorón.

Suelo llorar en esas escenas en las que los héroes, antes del acto de valor que pondrá en riesgo su vida, expresan sus sentimientos más sinceros a sus seres amados. Me emocionan mucho. Me resultan conmovedoras las palabras de afecto que el héroe expresa antes de su sacrificio, la manera en la que se despide de aquellos que son importantes en su vida. Es como si nos recordasen que salvar el mundo es importante porque en él se encuentran las personas amadas. Solo por eso.

No sé si voy a encontrar las palabras adecuadas para describir la belleza de lo que estaba ocurriendo a los pies de esa cruz. Jesús, el gran héroe de la historia, estaba luchando la batalla final contra el poder del Hades. En esa cruz, se estaba lidiando un conflicto de dimensiones cósmicas: el rescate de la humanidad de las garras de la muerte.

Allí, clavado, se encontraba el héroe herido, mientras sus llagas abiertas goteaban sangre sobre el barro. Magullado, cortado y sangrante, con un dolor ardiente por el desgarro de los clavos, Jesús se esforzaba por respirar. Al ser colgado en la cruz, con clavos de doce centímetros de largo atravesando sus talones y muñecas que le sujetaban al patíbulo, Jesús sufrió los dolores más terribles que conoce la humanidad. Estar clavado en la cruz hacía muy difícil la respiración. En esa posición, cada movimiento respiratorio implicaba poner todo su peso sobre los clavos que trituraban sus nervios en pies y manos, por lo que inhalar un poco de aire implicaba **un dolor inescrutable.** Con el más mínimo movimiento, el dolor se extendía por todo el cuerpo como un golpe de corriente atravesando el brazo hacia la médula espinal. Eran como relámpagos atravesando el cuerpo de Jesús. Cada esfuerzo por respirar era fatigoso para el héroe, pero, de repente, hizo algo inesperado: hablar con su madre.

Jesús abrió un paréntesis en su lucha contra el mal y, antes de su sacrificio final, le dedicó unas palabras a su madre, que se encontraba a los pies de la cruz, sufriendo como solo una madre sufre con el dolor de su hijo.

Cuando Jesús vio a su madre, y junto a ella al discípulo a quien él quería mucho, dijo a su madre:
—Mujer, ahí tienes a tu hijo.
Luego, le dijo al discípulo:
—Ahí tienes a tu madre.
Juan 19:26-27

¿Qué es lo que estaba haciendo Jesús?

Mientras resolvía el gran problema del pecado en la cruz, su amor aún tuvo tiempo para resolver el problema del cuidado de su mamá.

En aquella época, el cuidado de los padres cuando se hacían mayores, enfermaban o no podían valerse por sí mismos, recaía sobre los hijos. Generalmente, era el primogénito quien asumía la responsabilidad principal en el mantenimiento y protección de los progenitores. En una cultura como la hebrea, basada en el honor, no hacerlo se consideraba un acto de deshonra socialmente condenado.

Lo que sabemos es que María era viuda y, en ese momento, estaba a punto de perder a su primogénito, por lo que se iba a encontrar en una situación de vulnerabilidad. Más aún teniendo en cuenta que el sistema religioso no ofrecería ayuda asistencial ni limosna a la madre del disidente.

Jesús, movido por un afecto profundo por su mamá, la llamó desde lo alto de la cruz y le dijo: «Madre, no te quedarás sola, ahora mi discípulo Juan será tu hijo» y dirigiéndose a Juan le dijo: «Cuídame bien a mi mamá, hazte responsable de protegerla y cubrir sus necesidades». Y así fue. De hecho, hace unos años, tuve la oportunidad de visitar las ruinas de la ciudad de Éfeso, en la actual Turquía, donde la tradición dice que Juan acogió a María en sus últimos años de vida.

> **PARA DIOS, LA HONRA A LOS PADRES ES UN ASUNTO PRIORITARIO EN SU REINO**

En definitiva, Jesús le arregló la jubilación a su mamá y se aseguró de que recibiese el cuidado necesario en su ausencia. Y pensó en su madre en una situación en la cual, la mayoría de nosotros, solo estaríamos pensando en nuestro propio dolor, mientras estaba clavado en la cruz.

Esto logra sacarme una lágrima en honor a Jesús, el verdadero modelo de hijo, que no solo fue un perfecto hijo de Dios, sino que fue un perfecto hijo de María.

CORBÁN

Como expresé en el capítulo anterior, creo que la relación con nuestros padres y la manera en la que los tratamos, más que cualquier otra relación en nuestra vida, probará la calidad de nuestro amor.

Para Dios, la honra a los padres es un asunto prioritario en su Reino. El hijo que no entiende este principio, no entiende el corazón de Dios.

Si lees con atención los Evangelios, te darás cuenta de que había ciertas cosas que enojaban a Jesús. Porque el amor verdadero también arde en contra de aquellas cosas que se oponen a la justicia, la verdad y la misericordia, aunque vengan empaquetadas dentro de la caja de la religión.

Jesús no tenía problemas a la hora de relacionarse con publicanos, leprosos y prostitutas. De hecho, él se relacionaba tanto con ese tipo de personas marginadas socialmente que le conocían como el «amigo de los pecadores». Pero había un tipo de personas a las que Jesús no soportaba: los religiosos hipócritas. Y una de las cosas que más le enojaba de ellos era un pacto de consagración que se llamaba «Corbán». De hecho, nuestro maestro les dedicó uno de los sermones más directos a aquellos que lo practicaban:

—¡Bien desechan el mandamiento de Dios para establecer su tradición! Porque Moisés dijo: Honra a tu padre y a tu madre, y: El que maldiga a su padre o a su madre muera irremisiblemente. Pero ustedes dicen que si alguien le dice a su padre o madre: «Aquello con que hubieras sido beneficiado de parte mía es Corbán» —es decir, una ofrenda a Dios—, ya no le permiten hacer nada por su padre o su madre. Así invalidan la palabra de Dios mediante su tradición que han transmitido, y hacen muchas cosas semejantes a estas. **Marcos 7:9-13 RVA 2015**

QUIEN NO ATENDÍA LOS ASUNTOS DE SU PROPIA CASA NO CALIFICABA PARA ATENDER LOS ASUNTOS DE LA CASA DE DIOS

Realmente, el «Corbán» era un pacto de consagración hermoso, donde un hombre se podía acercar al templo y hacer una dedicación de sus pertenencias a Dios, diciendo: "Todo lo que tengo, toda mi riqueza y posesiones, lo consagro a ti. A partir de este momento, no considero nada de mi pertenencia, sino que todo es tuyo". Básicamente, hacer «Corbán» era entregar tus bienes a Dios.

Entonces, ¿qué es lo que ponía furioso a Jesús de una dedicación tan noble?

Que muchos hijos lo usaban como una excusa para deshonrar a sus padres. Como dijimos en la cultura hebrea los hijos tenían el deber de atender a las necesidades de sus padres, sobre todo cuando se hacían mayores y requerían sustento económico. Sin embargo, los fariseos enseñaban que con que una persona dijera con respecto a sus bienes «es Corbán», es decir, una ofrenda dedicada a Dios, quedaba exento de usarlos para satisfacer las necesidades de sus padres, por muy necesitados que éstos estuvieran. Aunque, en realidad, él mismo podía hacer uso de esos bienes hasta su propia muerte si lo deseaba. En definitiva, algunos hijos usaban un acto de devoción religiosa como excusa para desatender la responsabilidad de sostener a sus padres.

Jesús reaccionó severamente contra eso diciéndoles: «¡Hipócritas! ¿Cómo se atreven a decir que todo lo que tienen está consagrado a Dios si no lo usán para aquello que para Dios es más importante?.

Jesús estaba rechazando la posibilidad de que hubiese verdadera adoración si ésta estaba desligada de la justicia social. Para él, era una contradicción mostrar devoción por Dios y a la vez abandono a los padres. En otras palabras, quien no atendía los asuntos de su propia casa no calificaba para atender los asuntos de la casa de Dios.

En el Reino de Dios no cabe tal posibilidad.

Punto.

CUESTIÓN DE CONFIANZA

Pero, ¿por qué es tan importante para Dios la honra a los padres? Supongo que hay varias respuestas posibles, pero creo que una de ellas es que Dios se identifica a sí mismo como padre. Sigmund Freud, el psicoanalista ateo, afirmó: «La actitud de una persona hacia su padre biológico determina la actitud de esa persona hacia su Dios». Es decir, el hijo que no es capaz de honrar a una autoridad visible y cercana, difícilmente podrá honrar a una autoridad invisible. Lo que estoy intentando decir es que Dios sabe que, si comenzamos deshonrando a nuestros padres biológicos, tarde o temprano le deshonraremos a él.

La honra a los padres es una cuestión de confianza para Dios. Me atrevo a afirmar que Dios no confía en un hijo que ignora a sus padres. Un amor así no es confiable.

Hace unos años, mi esposa y yo salimos de nuestra ciudad natal y nos fuimos a vivir a la capital por motivos laborales. Fueron años de mucha intensidad ministerial y nuestra agenda estaba completa. Trabajo, trabajo y más trabajo. De pronto, mi madre me llamó alarmada y me dijo: «A tu padre le ha dado una crisis y dice que quiere dejar la iglesia». Al parecer, llevaba varias semanas con ideas raras que derivaban de algunos conflictos que había vivido. Yo no me lo quería tomar en serio, pero mi madre fue tajante conmigo: «Tu padre necesita tu ayuda».

Al colgar el teléfono, me quedé allí parado, pensando en lo que supondría atender a la petición de mi madre. Tendría que anular compromisos de ministerio aceptados hace mucho tiempo para disponer del tiempo para ir a atender a mi padre en otra ciudad. Intenté ordenar mis prioridades y mi padre siempre quedaba por detrás de otro compromiso. Al fin y al cabo, no era un trabajo cualquiera, se trataba de predicar la Palabra de Dios.

Entonces, escuché la voz del Espíritu Santo dentro de mí, como un puñetazo en el estómago (porque, a veces, la verdad duele): «Si no eres capaz de servir a tu padre, no me sirves a mí». No me gustó escuchar eso, teniendo en cuenta que mi agenda estaba llena de compromisos en favor de su Reino, pero con el tiempo he llegado a comprender que en su Reino es más importante ministrar a tu padre que ministrar a una multitud.

Entonces lo hice. Me fui con mi padre unos días a una casa en la montaña y fue un tiempo de largos paseos y conversaciones. Creo que los dos fuimos sanados de alguna manera particular en ese lugar. Juntos.

DE LABIOS ME HONRAN, PERO SU CORAZÓN ESTÁ LEJOS DE MÍ

Los ancianos ocupan un lugar especial en el corazón de Dios, pero, tristemente, la deshonra imperante en nuestra generación se está infiltrando hasta las estructuras de nuestras familias cristianas.

HAY UN PATRÓN PREOCUPANTE QUE SE REPITE EN LAS IGLESIAS MÁS CONTEMPORÁNEAS: NO TIENEN ANCIANOS

Jesús les dijo a ellos, y nos recuerda a nosotros también: «*Este pueblo de labios me honra, pero lejos de mí está su corazón*» (Marcos 7:6). Dicho de otro modo, es posible tener la boca llena de palabras de admiración hacia Jesús y, sin embargo, tener el corazón muy lejos de sus prioridades. Es posible hablar de Jesús, pero que nuestro corazón no se conmueva con lo que le conmueve a él.

De manera que, Jesús nos hace plantearnos la siguiente pregunta: ¿de qué sirven nuestros cultos de adoración si olvidamos a nuestros mayores?

He tenido la oportunidad de predicar en muchas iglesias alrededor del mundo y al hacerlo, he observado a las congregaciones y he detectado un patrón preocupante que se repite en las iglesias más contemporáneas: no tienen ancianos.

¿Dónde están nuestros mayores? ¿Hay lugar para ellos en nuestros cultos? O, más importante aún, ¿hay lugar para ellos en nuestras vidas egocéntricas, acomodadas y consumistas?

ANCIANOS

Leí unas estadísticas publicadas por la Cruz Roja Española, una ONG que dedica gran parte de sus esfuerzos a atender casos de urgencia relacionados con ancianos, que afirmaban que el setenta por ciento de los ancianos de España viven en soledad; muchos apenas son visitados por sus hijos y, en algunos casos, quedan recluidos en sus propias casas debido a su incapacidad para moverse, por lo que su única compañía durante semanas es la televisión.

Occidente está envejeciendo. En mi país, muchos de los ancianos que veo vivieron la última posguerra del siglo pasado, conocieron la escasez, la dictadura militar de casi medio siglo en España, vivieron con apenas dos pares de zapatos y el mismo traje para todos los domingos. Pero esos ancianos fueron capaces de sacar a nuestros padres adelante y, por lo tanto, a todos los que ahora somos el motor de la sociedad. Es cierto, las familias han cambiado porque nuestro mundo ha cambiado. Los hijos se van a sitios lejanos en busca de trabajo. Se desarraigan. Y los padres se quedan. Son abuelos a distancia que ven a sus nietos, con suerte, de viaje en viaje y en las fotos del teléfono. Cuando sus hijos no viven lejos, el ritmo del trabajo en la ciudad hace que las familias se vean mucho menos que antes. Cuando esas personas mayores empiezan a no poderse valer por sí mismas, ¿quién cuida de ellos? En mi país, la respuesta más común es: «los servicios profesionales de geriatría».

Cuando conocí a mi esposa, ella trabajaba como auxiliar de enfermería en un geriátrico. Atendía las necesidades básicas de los ancianos. Les daba de comer, los aseaba y vestía. Muchos de ellos no podían ir al baño solos, por lo que mi esposa los ayudaba a hacer sus deposiciones y después se encargaba de limpiarlos. Cambiaba el pañal a algunos de ellos que no podían levantarse de la cama y se encargaba de higienizarlos y de ponerles cremas hidratantes. Admito que cuando vi a mi esposa por primera vez me enamoraré de su belleza exterior, pero cuando supe lo que

LA GRANDEZA MORAL DE UNA SOCIEDAD SE MIDE EN LA FORMA EN LA QUE TRATA A SUS ANCIANOS

hacía con aquellos ancianos me quedé prendado de su belleza interior. Realmente, la asistencia profesional que recibían aquellos ancianos era muy buena, pero mi esposa me decía que muchos de ellos se sentían un poco olvidados por sus hijos y añoraban un hogar. Aún recuerdo sus palabras: «Hay tanta sabiduría en este lugar que quedará sin ser escuchada».

Estoy convencido de que la grandeza moral de una sociedad se mide en la forma en la que trata a sus ancianos. Y aunque en Europa tenemos buenas instalaciones geriátricas, tenemos pocos hogares donde los abuelos tienen un lugar de honor en la mesa y son arropados por sus hijos, nietos y bisnietos hasta que fallecen.

Soy consciente de que en ocasiones es requerida la ayuda profesional para atender las necesidades médicas de nuestros mayores, pero me pregunto si a veces los internamos en los geriátricos porque los percibimos como una carga. Creo que debemos hacer una valoración honesta de nuestras motivaciones:

¿Podemos atender a sus necesidades en nuestra casa o necesitan una atención profesional?

¿Queremos asumir la responsabilidad de cuidarlos y darles una vejez rodeados del calor de sus seres queridos?

¿Los percibimos como un obstáculo para mantener la calidad de vida que anhelamos?

Seamos claros, cuidar de nuestros mayores incomoda, pero el amor verdadero está dispuesto a incomodarse.

¿Acaso no se incomodaron ellos al parirnos, al prepararnos el biberón y la papilla, al limpiarnos la caca del trasero y al soportar noches en vela cuando estábamos enfermos?

El amor verdadero está dispuesto a incomodarse, porque amar no es solo algo que se dice, es algo que se hace. «Te amo» a veces se traduce como «te preparo la comida», en otras ocasiones como «te escucho atentamente» y también como «te ayudo a ponerte la camisa».

Cuando nosotros fuimos niños, nuestros padres nos tuvieron que decir quiénes éramos, pero cuando ellos sean ancianos nosotros deberemos recordarles quiénes son. Y nuestra manera de cuidar de ellos, como ellos lo hicieron con nosotros, es un recordatorio muy poderoso.

EL TAZÓN DE MADERA

Al ver cómo mi generación trata a sus mayores, suelo recordar la fábula número 78 del libro *Cuentos de hadas de los hermanos Grimm*:

El abuelo se fue a vivir con su hijo, su nuera y su nieto de cuatro años. Estaba tan mayor que sus manos temblaban sin control. El abuelo y su familia se reunían todos los días para comer, pero sus manos temblorosas le causaban dificultades para alimentarse. La comida se le caía de la cuchara al suelo y, cuando intentaba beber del vaso, derramaba el contenido sobre el mantel.

La pareja se cansó de esa situación tan incómoda.

«Tenemos que hacer algo con el abuelo», dijo el hijo. «Ya es suficiente, derrama la bebida, hace ruido al comer y tira la comida al suelo».

Así que, el matrimonio decidió poner una pequeña mesa en una esquina del comedor. Ahí, el abuelo comía solo mientras el resto de la familia comía en la mesa principal. Como el abuelo había roto varios platos, le servían su comida en un tazón de madera. De vez en cuando, miraban hacia donde estaba el abuelo y podían ver algunas lágrimas en su rostro triste, mientras intentaba alimentarse solo. Sin embargo, las únicas palabras que la pareja le dirigía eran fríos llamados de atención cada vez que dejaba caer la cuchara o la comida.

Mientras tanto, el niño de cuatro años observaba todo en silencio.

Una tarde antes de la cena, el padre observó que su hijo estaba jugando con unos trozos de madera en el suelo. Le preguntó: «¿Qué estás haciendo, hijo?» Con la misma dulzura, el niño le contestó: «Ah, estoy haciendo un tazón para ti y otro para mamá para que cuando seáis como el abuelo, yo os pueda servir la comida en ellos». Sonrió y siguió con su tarea.

Las palabras del pequeño golpearon la conciencia de sus padres. Esa misma noche, el esposo tomó gentilmente la mano del abuelo y lo guio de vuelta a la mesa de la familia. Por el resto de sus días ocupó un lugar de honor en la mesa junto a ellos. Y, por alguna razón, el matrimonio no se sentía tan molesto cuando la cuchara se caía, la leche se derramaba o cuando se ensuciaba el mantel.

Creo que la moraleja es sencilla de entender. Algún día, todos nosotros también seremos viejos e incapaces de cuidar bien de nosotros mismos. Por lo que crear una cultura de honor hacia nuestros mayores en nuestras familias hoy, repercutirá en beneficio de nuestra propia vejez mañana. Lo contrario, también.

CORONA A TUS PADRES

Al estudiar acerca del significado de la honra, descubrí una definición que se ha convertido en mi favorita:

«Honrar es poner una corona de reconocimiento sobre la cabeza de alguien».

Esta definición dibuja una imagen muy poderosa en mi mente. Honrar a mis padres no se trata solamente de obedecerlos, respetarlos o cuidar de ellos cuando lo necesiten, se trata de llegar a poner una corona de reconocimiento sobre sus cabezas que todos lo demás puedan ver.

LA HONRA NO ES SOLO UN ASUNTO PRIVADO, ES UN ASUNTO PÚBLICO

Al pensar en esta preciosa definición, recordé el proverbio que expresa lo siguiente: *«Los nietos son la corona del anciano»* (Proverbios 17:6). Además del significado más obvio, este proverbio declara que el fruto que producimos como hijos, es una corona sobre la cabeza de nuestros padres. Es decir, la manera en la que vivamos nuestra vida, el producto de nuestro trabajo y testimonio, va a poner una corona sobre la cabeza de nuestros padres, que puede ser una corona de espinas o una corona de gloria. En otras palabras, para bien o para mal, el fruto de nuestra vida va a coronar a nuestros padres. Esa corona sobre sus cabezas los enaltecerá o los avergonzará delante de los demás.

Los hijos que viven su vida de forma irresponsable, que son conocidos por ser perezosos, pendencieros o problemáticos, no solo afectan a su propia reputación, sino que ponen una corona de espinas sobre sus padres, que les hace sufrir y los avergüenza frente a los demás.

Sin embargo, los hijos que viven su vida de forma responsable, que son conocidos por sus logros profesionales, sus matrimonios sólidos y su integridad moral, no solo afectan a su propia reputación, sino que ponen una corona de gloria sobre sus padres, que los hace felices y los enaltece frente a los demás.

En definitiva, la honra no es solo un asunto privado, es un asunto público. La manera en la que vivimos no está desconectada de nuestras familias, dice algo a los demás acerca de nuestros padres. Por esa razón, el mayor acto de honor que podemos brindarles a nuestros progenitores es vivir de tal manera que ellos puedan ser alabados por nuestra causa. Que sus oídos puedan escuchar de la boca de otros: «¡Qué bien educaste a tu hijo! Lo convertiste en una persona admirable».

Dime, ¿qué puede enaltecer más a un padre o a una madre que ser alabado por tu causa?

LAS TRES ROSAS DE LA GITANA

Crecí en un barrio rodeado de gitanos, una etnia que aún conserva sus costumbres ancestrales en medio de la cultura moderna. Son una comunidad con un alto sentido de la honra a sus mayores, por lo que nunca verás a un anciano gitano en un geriátrico. Cuidan de ellos hasta el día de su muerte y les dan un lugar de honor en la familia y la comunidad.

Hay un ritual que la mujer gitana realiza el día de su boda que me parece muy significativo. Sé que cuando lo leas puede resultarte escandaloso, pero si eres capaz de entender su significado admirarás la belleza de esta ceremonia.

Se conoce como «las tres rosas».

El día de su boda, la mujer gitana debe probar públicamente que es virgen, que ha luchado por preservar su pureza para entregársela a su marido en la noche de bodas. Esta prueba es tan importante en la cultura gitana que, de dar un resultado negativo, la ceremonia podría anularse y la familia de la novia quedaría en vergüenza.

Este ritual consiste en llevar a la novia a una habitación privada donde se le realiza la prueba de pureza. Allí, la «ajuntaora», la anciana encargada de llevarlo a cabo, junto con otras mujeres casadas que han sido invitadas al acto, comprueba la virginidad de la novia.

Para dicho acontecimiento se utiliza un pañuelo blanco decorado por la madre de la novia con lazos y preciosos bordados. La prueba en cuestión consiste en introducir el pañuelo en la vagina de la novia tres veces. Si la mujer es virgen, se recogerán tres manchas de sangre sobre el pañuelo, que son conocidas como «las tres rosas» y constituyen la confirmación pública de la pureza de la novia.

Una vez realizada la prueba, la «ajuntaora» lleva «las tres rosas» al padre de la novia y éste muestra el pañuelo con orgullo a los asistentes de la boda. El padre, emocionado, pronuncia: «Me siento muy orgulloso de mi hija, que ha honrado a toda la familia con su pureza» y, después, se pasa el pañuelo por la cabeza, coronándose con él delante de todos.

Entonces, algunos hombres invitados se rompen las camisas en señal de alegría, mientras alaban al padre, que es enaltecido, gracias al testimonio de su hija. Después, los novios son levantados en hombros y les echan almendras por encima en señal de prosperidad y buena fortuna.

Cuando se exhibe el pañuelo manchado de sangre demostrando la legitimidad del matrimonio, las mujeres cantan la «alboreá», un poema reservado especialmente para la ocasión:

«En un verde prado tendí mi pañuelo,
salieron tres rosas como tres luceros».

En ese momento tan especial, el padre alza a su hija y baila con ella mientras le susurra al oído cuan orgulloso está de ella. Probablemente, los dos lloren emocionados.

ANTES DE QUE SEA TARDE

Hay muchas formas diferentes con las cuales puedes coronar a tus padres. Sencillamente, se trata de traer el fruto de tu vida y ponerlo como una señal de honor sobre sus cabezas:

Puedes invitarlos a la fiesta de tu graduación y hacer una mención pública de todo lo que has aprendido de ellos.

Puedes guardar el sueldo de tu primer mes de trabajo en un sobre y entregárselo en señal de gratitud por todo lo invertido en tu educación.

Puedes organizar una escapada a algún lugar especial y hacer aquello que más les guste.

Puedes hacerles una reforma en la casa o comprarles muebles para mejorar su comodidad.

Puedes subir una foto con ellos en tus redes sociales y decirles que los quieres públicamente.

Estoy seguro de que a ti se te ocurrirán maneras creativas de enaltecerlos. Pero déjame advertirte: hazlo antes de que sea tarde.

Un amigo que había enterrado a su padre después de que el cáncer lo venciese, me dijo algo que creo que define muy bien la evolución de nuestra relación con nuestros padres: «A los cinco años pensaba que mi padre lo sabía todo, a los doce años pensaba que mi padre no sabía tanto, a los veinte años pensaba que mi padre no sabía nada y a los treinta descubrí que mi padre sabía más de lo que imaginaba. Ahora que mi padre ya no está conmigo, desearía preguntarle tantas cosas».

Hace un tiempo, mi mamá me llamó llorando. Mi padre había tenido un derrame cerebral y estaba en el hospital, con un diagnóstico clínico muy complicado. Cuando llegué a la habitación y vi a mi padre postrado en la cama, sin habilidad para moverse ni comunicarse, solo podía pensar en una cosa. Una única cosa. Quizá te parezca extraño, pero yo solo podía pensar: «¿Cuándo fue la última vez que le dije que lo amaba?». Al verlo incapaz de entenderme, lo que me angustiaba era pensar que hacía demasiado tiempo que no le había mostrado mi afecto. Y quizá ya era demasiado tarde.

Gracias a la intervención de los médicos, mi papá logró reponerse y recuperó los sentidos. Pero, sin duda, yo aprendí una gran lección que ahora comparto contigo: «Honra a tu padre y a tu madre hoy, diles que los quieres y sé agradecido con ellos, porque quién sabe si mañana será demasiado tarde».

Deseo que, en el funeral de tus padres, no tengas nada de lo que arrepentirte. Ningún «te quiero» no dicho, ningún abrazo no dado y ningún regalo no hecho.

CATALIZADOR DE UNIDAD

08

A VECES DIOS TIENE QUE HUMILLARTE PARA SALVAR LA RELACIÓN

PERDONAR ES EL VALOR DE LOS VALIENTES.
SOLAMENTE AQUEL QUE ES BASTANTE FUERTE
PARA PERDONAR UNA OFENSA SABE AMAR.

MAHATMA GANDHI

La fiesta de la Pascua se acercaba. Jesús sabía que había llegado la hora de dejar este mundo para reunirse con el Padre. Él había amado a los suyos que estaban en el mundo, y los amó hasta el fin. Antes de llegar la hora de la cena, el diablo ya había hecho que Judas Iscariote se decidiera a traicionar a Jesús. Jesús sabía que el Padre le había dado autoridad sobre todas las cosas, y que él había venido de Dios y a Dios iba a regresar, así que se levantó de la mesa, se quitó el manto y se ató una toalla a la cintura. Luego echó agua en un recipiente y se puso a lavarles los pies a sus discípulos y a secárselos con la toalla.

Cuando llegó a Simón Pedro, este le dijo: Señor, ¿vas tú a lavarme los pies a mí?

Jesús le respondió: Ahora no entiendes por qué lo hago, pero más tarde lo entenderás.

Pedro dijo: ¡No! ¡Jamás dejaré que me laves los pies! Jesús le respondió: Si no te los lavo, no serás uno de los míos.

Simón Pedro le dijo: ¡Señor, entonces no sólo los pies sino también las manos y la cabeza!

Jesús le contestó: El que está recién bañado no necesita lavarse más que los pies, pues está completamente limpio. Y ustedes están limpios, aunque no todos.

Jesús sabía quién lo iba a traicionar, y por eso dijo que no todos estaban limpios. Después de lavarles los pies, se puso el manto y otra vez se sentó. Entonces les preguntó: ¿Entienden ustedes lo que les he hecho? Ustedes me llaman Maestro y Señor, y dicen la verdad porque lo soy. Pues si yo, el Señor y el Maestro, les he lavado los pies, también ustedes deben lavarse los pies unos a otros.

Juan 13:1–14

Esa era su última cena con ellos.

Jesús sabía que le quedaban tan solo unas pocas horas para ser crucificado y presentarse delante del Padre como el sacrificio expiatorio definitivo.

Es por esto que me imagino que Jesús miró con ternura a sus discípulos, sentados aquella noche alrededor de la mesa. Pero pronto empezó a recordar cada discusión absurda entre ellos, cada actitud competitiva y cada ofensa retenida en sus corazones. Probablemente, el recuerdo de tantos momentos en los que los discípulos friccionaron los unos contra los otros le hizo pensar: «En cuanto ya no esté entre ellos, el equipo se divide». Jesús sabía que un grupo en estas condiciones no duraría mucho tiempo antes de romperse. Demasiado orgullo, demasiada crítica y demasiados rencores.

El movimiento de Jesús estaba en riesgo.

Entonces, Jesús no dijo algo, hizo algo.

Algo tan provocador que sabía que el impacto que aquello causaría en sus mentes dejaría un recuerdo imborrable. La acción de Jesús fue tan estremecedora que estaba convencido de que después de ser testigos de algo así ya no habría excusas para la división.

Jesús se puso de pie, se quitó su manto de maestro y se ciñó una toalla alrededor de la cintura. Después, agarró una palangana con agua y comenzó a lavar los pies de sus discípulos.

No exagero al decir que lo que Jesús hizo fue tan impactante que jamás pudieron olvidar lo que ocurrió esa noche. Me atrevo a afirmar que ese acto salvó el movimiento de Jesús. Fue capaz de catalizar una unidad aparentemente imposible.

Y puede hacerlo de nuevo.

CONTEXTO

En los días en los que Jesús caminó sobre la tierra, las personas no acostumbraban a usar un calzado cerrado como el que usamos en la actualidad, sino que calzaban unas sandalias de cuero que dejaban gran parte de sus pies al descubierto. Además, era común recorrer grandes distancias a pie, por caminos llenos de polvo en verano y de barro en invierno. Por lo tanto, después de una jornada pisando tierra, charcos y estiércol de animal, los pies quedaban hechos un espectáculo. Definirlos como sucios es decir poco.

Cuando los judíos llegaban a una casa solían tener comunión con los demás miembros de la familia, sentados alrededor de una mesa, un mobiliario diferente al que usamos hoy en día. Los comensales se reunían en torno a una mesa levantada a escasos centímetros del suelo y se recostaban sobre unos cojines o reclinatorios. Normalmente, se echaban sobre la parte izquierda del cuerpo y dejaban libre el brazo derecho para poder comer. En esa posición, los pies de unos quedaban demasiado cerca de la cara de otros, por lo que era un acto de higiene y de respeto mutuo lavarse los pies antes de reunirse alrededor de la mesa para comer.

Por esa razón, en la entrada de toda casa judía podía encontrarse una palangana con agua y una toalla para que todos se lavasen sus propios pies antes de acceder a la mesa de la comunión. Sin embargo, en las casas de la gente rica había esclavos que servían a las necesidades de la familia y el señor de la casa designaba al esclavo de menor rango de autoridad la tarea de ser el lavador de pies. Esto era un gesto de cortesía para los invitados y una comodidad para la familia. Es importante añadir que lavar los pies de alguien se consideraba un acto tan humillante que debía hacerlo el esclavo más pequeño del hogar, aquel que se consideraba el menor en responsabilidad e importancia.

Este es el contexto cultural en el que se desarrolla la escena del Evangelio que acabas de leer.

PIES SUCIOS

En esa última cena con Jesús, había un grupo de discípulos sentados a la mesa con los pies sucios, sin embargo, no había ningún esclavo para lavar los pies de los comensales. Lo que sí había era una palangana, agua y una toalla. Pero ninguno de los discípulos se ofreció a hacer la humillante tarea de lavar los pies de ningún otro.

Hasta que, de repente, Jesús hizo algo escandaloso.

No estoy usando esa palabra por casualidad, sino que, realmente, la acción de Jesús fue un escándalo para sus mentes.

¿Has estado alguna vez en una situación que te haya provocado vergüenza ajena? Alguien está haciendo algo que no debería hacerse, que rompe el protocolo o que viola el orden social. Es tan escandaloso que evitas mirar lo que está ocurriendo. Disimulas, pero te sientes profundamente incómodo.

Por ello, no exagero al decir que fue eso exactamente lo que los discípulos sintieron cuando Jesús se levantó de la mesa, se quitó su manto de maestro, se ciñó una toalla alrededor de la cintura y comenzó a lavar los pies de sus discípulos con una palangana.

Se podía percibir la tensión en el ambiente y miradas inquietas entre los discípulos.

De pronto, Pedro interrumpió a Jesús y le dijo lo que todos estaban pensando: «¿Un maestro lavando los pies de su discípulo? Ese no es el orden correcto, de hecho, es exactamente el orden inverso. Amado maestro, no me lavarás los pies jamás».

Sería lógico pensar que, ante una afirmación tan coherente, Jesús alabaría a Pedro y le ofrecería sus pies para que los lavase. Como dictaba el orden social. Por el contrario, Jesús le miró y le exhortó con contundencia:

Si no te los lavo, no serás uno de los míos. **Juan 13:8**

Lo que Jesús le estaba diciendo era lo siguiente:

«Pedro, si te lavo los pies, estaré construyendo una plataforma sobre la cual podremos tener una verdadera comunión».

«Pedro, si te lavo los pies, aunque no lo entiendes ahora, eso nos va a unir».

«Pedro, si te lavo los pies, tú tendrás parte conmigo y yo tendré parte contigo».

«Pedro, si te lavo los pies, seremos uno».

Jesús, a través de ese acto, estaba invitando a sus discípulos a formar parte de él. Porque Jesús sabía que la verdadera unidad surge al sentirse parte del otro.

Y, al hacer esto, les estaba marcando el camino.

Si yo, el Señor y el Maestro, les he lavado los pies, también ustedes deben lavarse los pies unos a otros. **Juan 13:14**

Les estaba mostrando la única manera de mantenerse unidos.

CATALIZADOR DE UNIDAD

Si había un grupo difícil de unir en todo el planeta Tierra, ese era el conjunto de personas que Jesús eligió como discípulos. Jesús puso en el mismo equipo a un zelote nacionalista judío y a un publicano funcionario del imperio opresor; sumó a su movimiento a pescadores del vulgo y a fariseos intelectuales; puso mujeres y hombres a aprender juntos; incluso invitó a amos y esclavos a llamarse hermanos. Si no te resulta sorprendente es que no comprendes lo contracultural que era crear una Iglesia compuesta por gente tan diversa. Tan opuesta.

> **DIOS ESPERA QUE TU AMOR ROMPA LAS BARRERAS EN TU MENTE QUE TE HACEN CLASIFICAR A TODO EL MUNDO EN DOS SECCIONES: "ELLOS" Y "NOSOTROS"**

En ese grupo había tanta disparidad de mentalidades, clases sociales, posiciones políticas y perspectivas de la vida, como probablemente las haya en tu iglesia local. Porque, seamos claros: somos diferentes a las personas con las que nos toca convivir. En tu casa, en tu trabajo o en tu iglesia, te encuentras con personas que te resultan complicadas y, casualmente, ellas piensan exactamente lo mismo de ti. Pero no puedes huir de ellas, de hecho, sabes que es importante estar juntos, pero te parece imposible estar realmente unidos.

Lo que quiero decir es que eres diferente a las personas que Dios te llama a amar de verdad. ¿Cierto? Además, Dios espera que tu amor rompa las barreras en tu mente que te hacen clasificar a todo el mundo en dos secciones: «ellos» y «nosotros».

Incluso, es posible que te sientas lejos de aquellas personas que supuestamente deberías sentir cerca. Personas importantes en tu vida o que al menos lo eran hasta que algo ocurrió. Quizá convivas en la misma casa con una esposa que ya no besas o con un esposo con el que ya no tienes conversación. Puede ser que sientas que tus hijos son unos extraños que se esconden en su habitación o tus padres unos señores insufribles. Hace tiempo que no hablas con tu hermano si no es para discutir. Y podría ser que hayas terminado justificando ese alejamiento con un «simplemente no nos entendemos». La relación está rota y lo has asumido. Consideras que acercar sus corazones es tarea imposible.

Sin embargo, nuestro maestro nos enseñó la manera de salvar una relación, de unir lo que está dividido y de restaurar lo que está roto.

Jesús no esperó que la unidad surgiese, Jesús provocó la unidad. Se convirtió en el catalizador de una unidad aparentemente imposible.

¿Y cómo lo hizo?

Tomando una toalla y una palangana con agua, y disponiéndose a lavar los pies de sus discípulos.

Enseñándonos que la unidad no surge, la unidad se construye.

Enseñándonos que la unidad no es una idea, un discurso o una filosofía, la unidad es una acción.

JESÚS NO ESPERÓ QUE LA UNIDAD SURGIESE, JESÚS PROVOCÓ LA UNIDAD

Enseñándonos que la unidad no es un papel firmado con acuerdos de derechos y obligaciones, la unidad es una nueva manera de ver a las personas que te rodean.

La unidad es un cambio de perspectiva respecto a tu compañero, tu esposa, tu padre o tu hermana. Es dejar de verle desde arriba hacia abajo, y comenzar a verle desde abajo hacia arriba, mientras estás de rodillas frente a esa persona y tienes sus pies sucios en tus manos. Es mirarla desde los pies a la cabeza, mientras te dispones a lavárselos.

Esta es la clave de la verdadera unidad.

No hay otra manera de hacer que una relación perdure.

En las crisis.

En las diferencias.

En las ofensas.

Lo que estoy intentando decir es que Jesús nos estaba mostrando la manera de unirnos entre nosotros, de mantener nuestro corazón cerca del corazón del otro.

Cuando los discípulos salieron de esa habitación seguían siendo diferentes, pero estaban unidos. Ese acto lo cambió todo, les cambió a todos.

La pregunta es: ¿estás dispuesto a ser un catalizador de unidad en tus relaciones? El verdadero amor lo demanda.

PRIMER MOVIMIENTO: INCLINARSE FRENTE AL OTRO

El primer movimiento del lavamiento de pies es inclinarse frente al otro. Esto representa una posición del corazón más que una posición del cuerpo. Se trata de humillar tu orgullo frente al otro, en favor de la unidad.

Nuestro orgullo es el mayor enemigo de la unidad, de hecho, mi orgullo casi destruye las relaciones más importantes de mi vida.

El Evangelio afirma: *«Sabiendo Jesús que el Padre le había dado todas las cosas en las manos, y que había salido de Dios, y a Dios iba...»* (Juan 13:3 RVR60). En otras palabras, Jesús, sabiendo quién era, se ciñó como un esclavo para servir a los demás. Lo que pone de manifiesto el principio espiritual: El que sabe quién es, puede humillarse. Y puede hacerlo primero. El que sabe quién es puede y debe llevar la iniciativa de la humillación. Lo que nos demuestra que Jesús era el único en esa sala que sabía realmente quién era.

Jesús sabía que era el rey del universo, pero no tuvo problema al hacer la labor de un esclavo.

Jesús sabía que el Padre le había puesto toda la autoridad del cielo en sus manos y con esas mismas manos limpió los pies mugrosos de sus orgullosos discípulos.

Jesús sabía que era el primogénito de toda la creación, pero no tuvo inconveniente de mostrarse como el menor de entre todos los hermanos.

¿Por qué?

Porque sabía quién era.

Y quien está seguro de quién es, no tiene la necesidad de demostrar nada.

Con el tiempo, me he dado cuenta de lo peligroso que es una persona con problemas de identidad, porque, cuando no se está definido por dentro, se quiere demostrar por fuera. La mayoría de los conflictos que he presenciado en matrimonios, familias o iglesias han sido producto de la terquedad de personas que querían demostrar algo a los demás.

Demostrar quién manda.

Demostrar quién tiene razón.

Demostrar quién es el bueno.

Demostrar, demostrar y demostrar.

Y, finalmente, lo único que quedaba demostrado era su complejo interno.

Siendo honesto, tengo que admitir que mi afán por demostrar quién es el líder de la casa, casi destruye mi matrimonio. Quien me conoce sabe que soy muy bueno debatiendo y que tengo una gran habilidad para ganar las discusiones. Demasiadas veces, impulsado por mi orgullo, he convertido una conversación con mi esposa en una competición contra ella. ¡Y he ganado la competición muchas veces! Porque sé usar el arte de la manipulación, porque sé gritar e imponerme. Pero, sin darme cuenta, al ganar la discusión estaba perdiendo su corazón. Tantas veces he creído que estaba ganando una batalla, cuando, en realidad, estaba perdiendo la guerra. Me arrepiento tanto del dolor que mi orgullo ha producido a nuestro matrimonio...

Es posible ponerte la corona de la razón y convertirte en el rey de tu reino. Un reino solitario donde nadie más que tú soporta estar. Sin embargo, he descubierto que en el Reino de Dios es más importante tener amor que tener razón; que el que pierde, gana, y el que se humilla es enaltecido por Dios.

HUMILLARTE PARA SALVAR UNA RELACIÓN

En una atmósfera de orgullo, no puede haber unidad porque la unidad requiere humillarse con valor.

Según mi propia experiencia, creo que es más fácil humillarse delante de un extraño que delante de un cercano. Porque, cuando te inclinas frente a una esposa, un hijo o una hermana, te sitúas en una posición de vulnerabilidad.

Piensa en lo que representa esa posición. Mientras tienes tus rodillas clavadas en el suelo frente a otra persona, ¿cómo te defiendes desde esa postura? ¿Cómo te impones? ¿Cómo te luces? De eso se trata humillarse, de no demostrar nada.

Pero, no te engañes, humillarse no es un acto de cobardía, humillarse es un acto de valor. Se necesita mucha seguridad, firmeza de carácter y una identidad sólida para ponerte en esa posición de vulnerabilidad frente a otra persona, donde, literalmente, le entregas el poder para vencerte. Hay que ser muy valiente para renunciar a tu defensa.

Como Jesús, quien, mientras le escupían, insultaban y golpeaban, renunció a defenderse. Podría parecer que el poder estaba de parte de aquellos que le torturaban en la cruz, pero sabemos que, en realidad, el poder estaba de parte de Jesús; y si él solo hubiese susurrado una orden de ataque, miles de ángeles hubiesen salido a su defensa, ejecutando a todos sus enemigos.

— ¡*Guarda esa espada!* —*le ordenó Jesús*—. *El que mata a espada, a espada perecerá.* ¿No sabes que podría pedirle a mi Padre que me enviara doce mil ángeles y me los enviaría al instante? **Mateo 26:52-53**

Sin embargo, Jesús eligió humillarse, no demostrar nada y no defenderse; y lo hizo para unirnos a Dios. La humillación de Jesús salvó nuestra relación con Dios.

Por eso, creo que Jesús te ofrece dos opciones para preservar tus relaciones: o te humillas o Dios te humilla.

Hace unos años, mi matrimonio se vio afectado a causa de mi orgullo. Discutíamos mucho, por cosas que realmente no merecían ni el esfuerzo ni el dolor. Pero así es el orgullo, por preservarse a sí mismo no le importa destruir el mundo entero. En aquellos días, intentaba buscar cualquier excusa para estar fuera de casa, por lo que me ofrecí para hacer una mudanza. Cargaba muebles de un lugar a otro, agarrándolos con toda la rabia que tenía contenida dentro de mí. Hasta que, de repente, mientras intentaba levantar un cajonero del suelo, oí crujir un hueso de mi columna. Al principio, parecía que nada grave había pasado, pero cuando llegó la noche y mi cuerpo se enfrió, sentí el dolor más punzante de toda mi vida. Era una punzada tan horrible que me puse a gritar en la cama. Se me había pinzado un nervio de la columna vertebral y el más mínimo movimiento, incluso al respirar, me hacía sufrir un dolor tortuoso. Mi esposa me sacó de la cama como pudo y, mientras me apoyaba sobre ella, me llevó al coche. Condujo hasta el hospital mientras yo gritaba en cada curva. Cuando llegamos allí, me ordenó quedarme en el vehículo a la espera de que ella regresara. Cuando la vi salir del hospital, empujaba una silla de ruedas que acercó hasta mí y me obligó a sentarme en ella. No podía creer lo que estaba pasando. ¿Yo en una silla de ruedas? Durante una semana de tratamiento, mi mujer me dio de comer, me aseó y me ayudó a hacer mis necesidades, mientras yo me encontraba en un estado de incapacidad, de dependencia absoluta. Totalmente humillado. Pero, ¿me creerás si te digo que esa semana fue el momento de la sanidad de nuestra relación? Lo que quiero decir es que cuando yo fui humillado, se creó la oportunidad para unir nuestros corazones. Para reconectarnos.

A veces, Dios tiene que humillarte para salvar tu relación con otra persona.

SEGUNDO MOVIMIENTO: VER CORRECTAMENTE LA SUCIEDAD DEL OTRO

El segundo movimiento del lavamiento de pies es ver correctamente la suciedad del otro. Se trata de aprender a ver los pies sucios de tu compañero sin emitir un juicio contra su corazón. Renunciar a la crítica es vital para preservar vuestra relación.

Cuando Jesús vio los pies sucios de Pedro y se dispuso a limpiarlos, éste se negó. Pero cuando entendió que era la manera de permanecer unido a Jesús, le dijo: «Lávame desde los pies a la cabeza»; sin embargo, Jesús le contestó: «Tú eres un hombre limpio, solo necesitas que te lave los pies».

En otras palabras, lo que su maestro le estaba diciendo es: «Pedro, tus pies están sucios por el polvo del camino, por los errores que has cometido al transitar por esta vida, pero tú eres una persona limpia».

Jesús vio los pies sucios de Pedro, pero entendió que esa suciedad no definía quien era él. Separó sus pies de su corazón, sus errores de su identidad.

¡Qué diferente es la mirada de Jesús a la nuestra!

Honestamente, aunque la sangre de Jesús me ha limpiado de todos mis pecados, a medida que camino por esta vida siento que el polvo de mis errores se me pega a los pies. Me refiero a esas acciones egoístas que cometo, esas verdades a medias que pronuncio o esos pensamientos envidiosos que tengo. Mi carácter inmaduro hace que fracase muchas veces y que cometa algunas injusticias. Esos errores son polvo que se me adhiere a los pies.

Pero qué fácil es consolarte viendo los pies sucios de los demás, sobre todo los de aquellas personas que tenemos más cerca y en los que podemos ver al detalle el polvo incrustado entre sus dedos.

Me he dado cuenta de que cuando Jesús vio los pies sucios de Pedro no emitió un juicio contra su corazón, sin embargo, cuando nosotros vemos una mancha en los pies del otro emitimos un juicio contra esa persona. No decimos: «Tus pies están sucios», sino: «Eres una persona sucia». Y nos alejamos de ella sintiéndonos justificados.

Nos convertimos en expertos críticos de pies ajenos.

¿Por qué hacemos esto? Porque es más fácil emitir un juicio contra otro que disponerse a ser su lavador de pies.

Recuerdo una temporada en mi vida en la que cometí el error de compartir por mis redes sociales mis pensamientos acerca de algunos asuntos políticos. Me vi envuelto en algunos debates polémicos, hasta que un día escribí algo ofensivo, algo que cruzó la línea. No quería admitirlo en ese momento, pero me había equivocado en mis palabras. Entonces ocurrió: el debate se convirtió en un ataque. Mis redes empezaron a llenarse de comentarios ofensivos, juicios morales y críticas descarnadas.

> ## ESTE MUNDO NECESITA MENOS CRÍTICOS Y MÁS LAVADORES DE PIES

Muchos de los mensajes que recibía venían de parte de gente que se denominaba cristiana y sentía el deber de corregirme públicamente y con sentencias divinas. En ese momento, dominado por mi orgullo (y por mi estupidez), decidí mantener mi posición y comencé a defenderme. Todo se ponía cada vez peor. Sin embargo, entre los cientos de usuarios que me estaban juzgando, solo uno hizo algo diferente. Un buen amigo me llamó por teléfono y me dijo que en unas horas iría a verme. Para encontrarse conmigo, tuvo que dejar su trabajo y conducir varias horas hasta la ciudad donde yo vivía. Me invitó a comer y, mirándome a los ojos con una mezcla de gracia y verdad irresistibles, me dijo: «Itiel, lo que has escrito en tu red es polvo en tus pies, pero no define quién eres tú. Conozco tu corazón y sé que esto es un error. Tú eres una persona limpia». Cuando me habló de esa manera, afirmando mi identidad con tanta ternura, pero a la vez señalando los motivos de mi error, separando mi falta de mi identidad, todas mis defensas se cayeron. Sentía que no me juzgaba el corazón, me estaba lavando los pies. Eso hizo que me rindiese y me puse a llorar. Finalmente, terminamos orando, borré el mensaje y pedí perdón. Creo que me salvó.

Esto me hace pensar en que este mundo necesita menos críticos y más lavadores de pies.

TERCER MOVIMIENTO: VERTER GRACIA SOBRE LOS ERRORES DEL FUTURO

El tercer movimiento del lavamiento de pies es verter gracia sobre los errores del futuro. Se trata de tomar la decisión de perdonar a alguien antes de que te ofenda. Tomar una determinación como esta es clave para darle futuro a vuestra relación.

¿Te has dado cuenta de que Jesús lavó los pies de unos discípulos que unas horas después iban a usar esos pies para correr y abandonarle?

Y Jesús lo sabía.

Cuando Jesús lavó los pies de sus discípulos, no solo vertió agua sobre ellos, vertió gracia para sus ofensas futuras.

Piensa en ello.

Jesús lavó los pies de Tomás, un hombre que iba a dudar de su resurrección y de su identidad divina. ¿Qué hace Jesús con los que dudan de él? Les lava los pies, vierte gracia.

Incluso lavó los pies de Pedro, un hombre que le prometió que jamás le abandonaría, pero que cuando iba a llegar la prueba lo dejaría solo y lo negaría como un cobarde. ¿Qué hace Jesús con los que no cumplen sus promesas? Les lava los pies, vierte gracia.

Y, por muy irrazonable que pueda parecer, Jesús lavó los pies de Judas, un hombre que lo iba a traicionar, vendiéndolo a sus enemigos por unas monedas de plata. ¿Qué hace Jesús con los que le traicionan? Les lava los pies, vierte gracia.

Y los deja ir.

Decidió perdonarles antes de que le fallasen, vertió gracia sobre ellos, incluso antes de que le ofendiesen. Y eso los trajo de vuelta a Jesús, a excepción de Judas, que decidió rechazar la gracia que se le ofreció.

Ser como Jesús es aprender a perdonar a aquellos que nunca se disculparon.

De la misma manera, si quieres darle un futuro a tu relación, debes decidir verter gracia antes de que esa persona te falle. ¡Exacto! Debes tomar la decisión de que perdonar será tu única opción cuando te ofenda, porque sin duda lo hará. Consciente o inconscientemente te va a fallar. Si tomas esta decisión hoy, ya no tendrás que tomarla mañana, cuando estés confundido a causa de tus sentimientos heridos.

PERDONAR SERÁ TU ÚNICA OPCIÓN CUANDO ALGUIEN TE OFENDA

Si realmente tu relación con esa persona es importante, conviértete en un catalizador de unidad. Inclina tu orgullo, deja de juzgar y vierte gracia sobre la persona que amas.

LA MEDIDA DEL AMOR,
ES AMAR SIN MEDIDA.

AGUSTÍN DE HIPONA

FIEL

UN AMOR QUE
NO SE VENDE

09

Grábame como un sello sobre tu corazón. Llévame como un tatuaje en tu brazo, porque fuerte como la muerte es el amor, y tenaz como llama divina es el fuego ardiente del amor. ¡Nada puede apagar las llamas del amor! ¡Nada, ni las inundaciones ni las aguas abundantes del mar podrán ahogarlo! Si alguien tratara de comprarlo con todo cuanto tiene sólo lograría que le despreciaran.
Cantar de los Cantares 8:6-7

Cuando abres la Biblia justo por la mitad, descubres esta colección de poemas románticos que uno no esperaría encontrar en un Libro Sagrado, escritos en un lenguaje hermoso con referencias a la naturaleza, pero con un alto contenido erótico. Sus referencias constantes a la belleza del cuerpo, el disfrute de la sexualidad y la desesperación de los amantes son tantas que a los judíos no se les permitía leer este texto hasta alcanzar la mayoría de edad.

Cantar de los Cantares es una de las obras más bellas del rey Salomón, sin embargo, sus ilustraciones hicieron que se cuestionase su presencia en el canon Bíblico, primero por los escribas judíos y después por la Iglesia institucionalizada. De hecho, algunos siglos atrás en España, la traducción al castellano de este poema realizada por Fray Luis de León le costó una condena de cuatro años de cárcel, sentenciado como hereje por la Inquisición española.

Actualmente, la tendencia de la Iglesia sigue siendo la de interpretar el texto como una alegoría de la relación entre Dios y su pueblo, forzando demasiado el texto, alejando su significado del plano natural y elevándolo a un plano místico, para, de esta manera, evitar admitir que el espíritu de Dios pueda estar hablando de lo que parece que está hablando.

¿Acaso Dios podría hablar de la pasión de dos jóvenes que quieren comerse a besos?

¿Podría hablar de la belleza de un cuerpo desnudo?

¿Podría hablar del tacto de la piel, del olor del pelo o del sabor de los labios?

Espera.

¿Podría ser que Dios esté hablando de sexo?

Aunque estoy convencido de que toda la Escritura habla de Jesús, incluido este poema, no es lícito rechazar su mensaje más obvio: la exaltación del romance entre un hombre y una mujer.

SE ABRE EL TELÓN

Esta gran obra tiene una composición que podría asemejarse a una ópera de nuestros días y fue escrito para ser interpretado y cantado, probablemente en la fiesta de las bodas judías.

Es una colección de cantos románticos que describen la belleza del amor entre una campesina de Sulem y un pastor de su región, su fascinación el uno por el otro y sus encuentros sexuales apasionados. Aunque no es sencillo descubrir la historia que se encuentra detrás de la poesía, hay versos sueltos que, como piezas de un rompecabezas, al conectarlos unos con otros, forman un cuadro impresionante del amor fiel de la Sulamita por su amado pastor, un amor tan real que vence a la tentación más grande y que no se rinde ante los obstáculos.

En realidad, esta no es una historia de dos, sino de tres. De dos enamorados y un tercero que intenta capturar el corazón de la protagonista. Aunque algunos interpretan la historia de otra manera, yo estoy convencido de que el Cantar de los Cantares está dedicado al amor inquebrantable de la Sulamita, que prefirió el amor de un sencillo pastor a la gran riqueza del ostentoso rey Salomón, quien la intentó enamorar.

Cierto día, la joven Sulamita se encontró con el pastor de ovejas en el campo y la llama del amor se encendió en sus corazones. Los hermanos de la Sulamita, celosos por proteger la virginidad de su hermana a fin de entregársela a un hombre que pudiese pagar una dote más alta, intentaron alejarla de ese joven pastor. Cuando ella estaba dispuesta a ir con su amado pastor a contemplar la belleza del inicio de la primavera, sus hermanos se enfadaron con ella a causa de su obstinación por el joven y decidieron mandarla lejos a cuidar las viñas de la familia para alejarla del muchacho.

Mientras la Sulamita cuidaba los viñedos, el rey Salomón pasó por su territorio con su guardia real y la vio, quedando cautivado por la inusual belleza de esa mujer, a la que describió como *«tan bella como las yeguas de faraón»* (1:9). Y así como Salomón compró las mejores yeguas de Egipto, quiso comprar también a la Sulamita. La trajo a su palacio y la incluyó en su harem de mujeres; la colmó de regalos y le prometió hacerla reina. Todas las mujeres del harem alababan las virtudes del rey e insistían a la Sulamita para que aceptase esa gran oferta. Convertirse en su esposa era la oportunidad de su vida y además beneficiaría a toda su familia con el pago de la dote y la posición social.

Sin embargo, desde el principio fue evidente que la joven estaba enamorada del pastor, tan enamorada de él que las mujeres del harem la preguntaban: *«¿En qué aventaja tu amado a otros hombres?»* (5:9) y ella les respondía con contundencia: *«Mi amado es … el mejor entre diez mil»* (5:10). Varias veces confrontó a las mujeres de Salomón, que le insistían para que se entregase al rey, diciéndoles: *«No despertarán… el amor hasta que quiera»* (2:7 RVA 2015), en otras palabras, no obliguéis al amor a surgir. Su corazón estaba exclusivamente reservado para el pastor sin corona.

Más impresionante es leer cómo la Sulamita rechazaba una y otra vez la proposición del rey diciéndole: *«Yo soy de mi amado y mi amado es mío»* (6:3). Este rechazo rotundo no fue inmediatamente aceptado por Salomón, quien le insistía con todas sus armas de cortejo. Pero ella era fiel a su amado pastor. Lo amaba con un amor tan inquebrantable que Salomón no pudo hacer otra cosa que dejarla ir a las montañas al encuentro de su amado, quedando sorprendido por la fuerza de su amor.

MI VIÑA NO SE VENDE

Hacia el final del poema, en el capítulo 8, la Sulamita hace una declaración desafiante al rey Salomón, que estaba acostumbrado a comprarlo todo con dinero, diciéndole: «Yo soy la dueña de mi viña y yo decido a quién dársela, quédate con las mil monedas de plata», hablando metafóricamente de su sexualidad. Y añade: «Si un hombre trata de comprar amor con toda su fortuna, su oferta será totalmente rechazada».

Ni toda la gloria que poseía el rey Salomón pudo convencer a la joven campesina para que se entregara a él, porque ella ya había decidido a quién se iba a entregar.

La Sulamita dijo «no» a la oferta del hombre más poderoso del momento.

Ella era la dueña de su propia viña.

Su viña no se podía comprar, porque su viña no estaba en venta.

Su viña no tenía precio, porque su viña era invaluable.

Ella decidía a quién se la iba a entregar voluntariamente.

El hombre que compró mil mujeres no pudo comprarla a ella.

Y eso la hacía sexy.

Esto me hace recordar la escena de una película un tanto provocadora. Un hombre entra en una fiesta exclusiva, donde todos guardan sus modales y visten de etiqueta. Entonces, el hombre se acerca a una mujer muy elegante y le pregunta discretamente: «¿Usted se acostaría conmigo por un millón de dólares?» La mujer, con una sonrisa, le responde: «Claro». Unos minutos más tarde, en la misma fiesta, el mismo hombre se acerca otra vez a la mujer y le pregunta con descaro: «¿Te acuestas conmigo por un dólar?» Ella, ofendidísima, le contesta: «¡¿Pero qué clase de mujer crees que soy?!» A lo que el hombre responde: «La clase de mujer que eres ya la hemos determinado, ahora solo estamos negociando el precio».

Hoy en día, es común escuchar el refrán: «Todo el mundo tiene un precio», a lo que algunos orgullosamente contestan: «Tú no puedes pagar lo que yo valgo». Pero si tu cuerpo, tus caricias o tus besos tienen un precio, aunque sea un precio muy alto, es cuando empiezan a devaluarse. Ten por seguro que, si te pones un precio, tendrás que soportar que los demás crean que pueden negociarlo contigo.

Pero Dios honró a esta mujer en su libro sagrado porque ella no puso precio a su amor. Su amor no estaba en venta, no dependía de la riqueza, el poder o la fama que podía obtener del mejor comprador. No aceptaba ofertas. Ella se entregó al pastor como un regalo y no se vendía porque ya no se pertenecía.

El texto describe a esta mujer de una forma evocadora:

Mi novia y mi amada es como huerto privado, como manantial vedado a los demás. Eres como bello huerto que produce frutas preciosas, con los más exóticos perfumes ... Que venga [su amado] a su huerto y coma su fruto más exquisito. **Cantar de los Cantares 4:12–13, 16**

Ella era un huerto privado, cerrado con una llave que solo poseía un hombre.

Ella era un paraíso escondido que solo sería descubierto por los ojos de su esposo.

Ella era un manantial reservado para saciar a su amado.

Ella poseía todo tipo de frutos y especias exóticas que solo serían probadas por su amante.

Eso la hizo deseable para Salomón.

Porque el valor de un tesoro radica en su exclusividad.

Y aunque el rey tenía mucho oro, tierras y posesiones, ese pastor era más rico que el rey porque la tenía a ella. Y ella lo tenía a él. Exclusivamente.

Quizá esa fue la razón por la cual Salomón decidió componer este poema en honor a la Sulamita, porque, aunque Salomón tenía muchas mujeres con las que sabía hacer sexo, la Sulamita le enseñó lo que significa hacer el amor.

FIEL

Si hay un adjetivo que describe el amor de la Sulamita es «fiel». No sé si estarás de acuerdo conmigo, pero tengo la impresión de que este mundo aplaude el carisma, la belleza y el talento, pero creo sinceramente que el cielo aplaude la fidelidad.

En una de las parábolas más famosas de Jesús, se describe cómo un rey llamó a sus siervos y les entregó diferentes cantidades de dinero para invertirlo en su nombre durante su ausencia. Algunos de los siervos lo invirtieron y produjeron ganancias para el rey, sin embargo, uno de ellos lo escondió debajo de la tierra. Cuando el rey regresó y llamó a cuentas a sus siervos, no alabó la cantidad de dinero obtenido con sus inversiones, alabó su fidelidad.

Eres un siervo bueno y fiel. Y ya que fuiste fiel con el poco dinero que te di, te voy a confiar una cantidad mayor. Ven, entra, celebremos tu éxito. **Mateo 25:21**

> ## ELLA ERA UN PARAÍSO ESCONDIDO QUE SOLO SERÍA DESCUBIERTO POR LOS OJOS DE SU ESPOSO

> ## PORQUE EL VALOR DE UN TESORO RADICA EN SU EXCLUSIVIDAD.

Independientemente del dinero obtenido, el rey alabó la fidelidad de los siervos que se esforzaron en hacer producir aquello que su amo les había dado. Fueron honrados por ser fieles en lo poco y eso les promocionó delante del rey para asumir mayores responsabilidades.

Sin embargo, el siervo que escondió el dinero debajo de la tierra fue severamente exhortado por el rey, que concluyó diciendo: *«El que sabe usar bien lo que recibe, recibirá más y tendrá abundancia; pero al que es infiel se le quitará aun lo poco que tiene»* **Mateo 25:29**.

Esto me hace pensar en cuáles son las prioridades para Jesús. Este mundo busca gente deslumbrante, pero Jesús busca gente fiel. Gente que asume un compromiso fiel con aquello que Dios pone en su mano, que lo cuida y lo invierte para que produzca más, para que logre todo su potencial. Creo de verdad que no hay nada más valioso de lo que Dios pone en nuestras manos que el corazón de otras personas. La fidelidad en nuestras relaciones es un asunto prioritario para Dios.

Cuando Dios te llama a amar a tu pareja, no te llama a ser perfecto, te llama a ser fiel.

Recuerdo el comentario que una amiga nos hizo respecto al hombre con el que se había casado: «Es el hombre perfecto. Guapísimo y el que más factura en su empresa. Si le hago un comentario sobre cuánto me gusta algo, me lo regala cuando menos lo espero. Me tiene encaprichada. Los domingos me trae el desayuno a la cama: zumo de naranja recién exprimido y una tostada con mermelada. Todas las mañanas, se despide de mí con un beso y un 'te quiero', antes de ir al trabajo». Solo había un defecto en este «hombre perfecto»: era infiel. Lo mismo que hacía con ella, lo hacía con otra en sus supuestos viajes de negocios. Cuando ella lo descubrió, ya no le parecía tan guapo, ni su éxito profesional tan deslumbrante. Odió todos sus regalos, todos sus besos y todos sus «te quiero». ¿Por qué? Porque el valor de esos detalles radicaba en su exclusividad, pero al hacerlos con otra también, perdían su valor.

Sin fidelidad, todas las demás virtudes no significan nada. Por mucho que creas tener, si eres infiel no tienes nada valioso que dar a otra persona.

Es por eso que los infieles siempre fracasan en sus relaciones, porque sus besos compartidos no saben a nada, sus palabras compartidas suenan huecas y sus favores compartidos parecen penitencias. Y eso siempre levanta sospechas. (Yo por lo menos no he conocido un infiel que no haya sido descubierto).

Es por eso que la infidelidad duele tanto al que la sufre, porque se conecta con todas aquellas cosas que eran significativas y les roba su valor. Uno se siente estafado.

LOS INFIELES SIEMPRE FRACASAN EN SUS RELACIONES

Imagino, entonces, que cuando el rey nos llame para rendir cuentas de lo que hicimos con el corazón de la persona que él depositó en nuestras manos, el haber sido fiel será un asunto prioritario en esa entrevista. A los fieles se les dará más y a los infieles se les quitará todo.

LAS PEQUEÑAS ZORRAS

La experiencia me dice que nadie destruye su relación de la noche a la mañana, es un proceso de descuido.

El poema de Cantar de los Cantares usa una metáfora para describir cómo los pequeños descuidos pueden minar poco a poco una relación.

Las pequeñas zorras están arruinando las viñas. Atrápalas; pues los viñedos están en flor. **Cantar de los Cantares 2:15**

Me llama la atención que el autor advierte que el peligro para las viñas no son las grandes bestias salvajes, sino las pequeñas zorras. Honestamente, necesité la ayuda de un campesino para entender esta metáfora, ya que mi lógica me hacía creer que hay más peligro en los grandes depredadores que en las pequeñas alimañas. Sin embargo, el campesino me explicó que todo labrador cerca sus viñedos con vallados que son efectivos para impedir el acceso a las grandes bestias, pero que es inevitable que todo muro tenga algún pequeño agujero a través del cual pueden acceder las pequeñas zorras. El labrador tiene que hacer un gran esfuerzo para detectar esos agujeros en la cerca de protección y sellarlos lo antes posible.

Además, el campesino me explicó que, cuando un animal grande entra a un viñedo, es lo suficientemente alto como para arrancar el fruto directamente de la vid y devorarlo, sin embargo, las pequeñas zorras, al no alcanzar el fruto, comienzan a mordisquear el tronco de la vid hasta que se debilita y la vid termina inclinándose. De esta manera, devoran el fruto, pero además inhabilitan la vid para producir más fruto en el futuro, lo que convierte a esas pequeñas alimañas en un peligro mayor para la viña.

Esta metáfora nos recuerda que no son las grandes bestias a las que hay que temer, como una gran tragedia que arrasa con la relación en un momento. Aunque conocemos historias de matrimonios que no pudieron resistir la muerte de un hijo o la quiebra de su economía, esta metáfora nos advierte que el peligro más probable son esas pequeñas zorras que pasan inadvertidas y van marchitando la relación poco a poco, en un proceso lento, pero devastador. Esas pequeñas zorras que se cuelan dentro de la relación a través de los pequeños descuidos de la cotidianidad. Por eso el autor del poema grita: «Atrapen a esas pequeñas zorras antes de que estropeen el fruto de la viña».

Solo pondré un ejemplo de estos descuidos tan peligrosos: dejar de ser agradecido con lo que tienes. Antes, admirabas las virtudes de tu pareja y te sentías privilegiado por poder disfrutarlas; me refiero a su humor espontáneo capaz de sacar un chiste de cualquier cosa, su conversación que podía alargarse horas en la noche o su habilidad para cocinar pasta como nadie en el planeta tierra. Pero, lo que antes percibías como un privilegio y te hacía sentir agradecido, ahora lo percibes como aburrido y dejas de agradecerlo.

Entonces, la zorra de la apatía entra a vuestra relación, ya no te ríes con sus chistes, sino que te quejas por sus defectos que no te causan ninguna gracia; las largas conversaciones cara a cara son sustituidas por pasar tiempo en las redes sociales hablando con cualquier otro y la pasta, que antes te parecía inigualable, ahora no puedes evitar compararla con las delicias que comen los demás.

Así, sin darte cuenta, la falta de agradecimiento da lugar a esas pequeñas alimañas que devoran la relación.

(DES)AGRADECIDO

Si algo he aprendido es que la infidelidad está ligada con una actitud de desagradecimiento por tu pareja, que te hace menospreciar lo que tienes y te hace pensar que quizá te estás perdiendo algo mejor en otro lado.

Cuando no estás agradecido, cuando no te sientes conforme, tu radar se enciende y empiezas a buscar. Miras otras viñas y, como eres una criatura sensorial, no pasa mucho tiempo hasta que ves algo que te llama la atención.

La infidelidad suele girar en torno a un «si yo tan solo tuviese eso, me sentiría satisfecho».

La idea de que te falta algo se desliza por tu mente. Eres infiel porque no eres capaz de ver lo que tienes. Ser desagradecido te ciega el alma para ver todas las bondades que te han sido dadas.

LA INFIDELIDAD SUELE GIRAR EN TORNO A UN "SI YO TAN SOLO TUVIESE ESO, ME SENTIRÍA SATISFECHO"

En definitiva, es la evidencia de un carácter inmaduro y caprichoso, porque vende una herencia por una experiencia, cambia la fidelidad por una oportunidad.

Creo que un triste ejemplo de lo que puedes llegar a perder por ser desagradecido es Esaú, quien vendió su herencia de primogenitura (una fortuna) por un guiso de lentejas.

Asegúrense de que ninguno sea inmoral ni profano como Esaú, que cambió sus derechos de primer hijo varón por un simple plato de comida. Ustedes saben que después, cuando quiso recibir la bendición de su padre, fue rechazado. Ya era demasiado tarde para arrepentirse, a pesar de que suplicó con lágrimas amargas. **Hebreos 12:16- 17 NTV**

La Biblia narra, en el libro de Génesis, que Esaú vino agotado y hambriento de una larga jornada de caza, y, al oler el guiso que estaba haciendo su hermano Jacob, se encaprichó con él.

Y estoy seguro de que esta es la mejor palabra para describir lo que ocurrió, se «encaprichó».

Parece que Jacob sabía que cuando su hermano mayor tenía hambre la sangre no le llegaba a la cabeza. Jacob se aprovechó de la ocasión y le hizo una oferta que cualquier hombre coherente hubiese rechazado: «Tu herencia de primogénito a cambio de estas lentejas». Pero Esaú era desagradecido. Las lentejas entraron por sus sentidos, su color, su olor y su sabor le fascinaron y pensó que nada de lo que tenía se podía comparar a ese impresionante plato de comida. Como Adán y Eva, que se fascinaron con el árbol prohibido y pensaron que nada en el paraíso sería tan delicioso como ese fruto. Como nosotros, que nos fascinamos con la compañera de trabajo o con el tipo del gimnasio y pensamos que nuestra pareja no está tan buena, que nada en nuestra familia se puede comparar a tener el objeto de nuestro capricho.

¡Y lo hizo!

Cambió su herencia de gran valor por comer algo que iba a defecar unas horas después.

LA FIDELIDAD ES EL RESULTADO DE UN CORAZÓN QUE CELEBRA DIARIAMENTE LA BELLEZA DE SU PAREJA Y QUE PRACTICA EL CONTENTAMIENTO

¿Sabes cómo define el autor de Hebreos a Esaú? Como «profano», es decir, como «alguien que desprecia las cosas sagradas».

Porque cuando eres desagradecido te conviertes en un profano, alguien que no es capaz de ver el valor de lo que tiene, lo sagrado de su relación, y lo desprecia.

Por el contrario, la fidelidad es el resultado de un corazón que celebra diariamente la belleza de su pareja y que practica el contentamiento.

Esta es la mejor manera de matar a esas malditas zorras, mirando tu viña y exclamando a Dios con agradecimiento: «Esta es mi viña, hay muchas viñas en el mundo, pero esta es la mía, ¡qué preciosa es la herencia que me has dado!».

Proclama esto incluso cuando no lo sientas, porque que no lo sientas no significa que no sea verdad.

LAS TRES LLAMAS

Es interesante notar cómo Cantar de los Cantares define a la Sulamita de tres maneras diferentes: como amiga, esposa y amante del pastor. Estos tres nombres manifiestan tres expresiones de su relación con el joven y su relación se nutre de cada una de ellas. La amistad de una amiga, el compromiso de una esposa y la pasión de una amante.

Estas tres expresiones son como tres llamas, que existen por separado, pero que cuando se unen conforman la llama del amor verdadero. Cada llama tiene su fuerza, pero, cuando se unen como una sola, son una llama que no puede ser extinguida. Es un fuego que perdura ante cualquier desafío.

Tenaz como llama divina es el fuego ardiente del amor. ¡Nada puede apagar las llamas del amor! ¡Nada, ni las inundaciones ni las aguas abundantes del mar podrán ahogarlo! **Cantar de los Cantares 8:6- 7**

Las relaciones de pareja fueron diseñadas para que esas tres llamas ardan como una sola. No puedes enfatizar una y olvidarte del resto. Las tres son necesarias para que la llama del amor no se extinga entre los dos.

Pero piensa en todas las maneras que tenemos de enfriar una relación.

Por ejemplo, una aventura son dos personas que han encendido una llama de pasión, pero sin amistad y sin compromiso. Por mucho que intenten que esa llama les caliente, es insuficiente.

Los deja insatisfechos.

Fríos.

Una de nuestras amigas, hablando honestamente de su pasado de promiscuidad, nos contó lo fría que se sentía cada fin de semana cuando se acostaba con el hombre que acababa de conocer en el bar: «Ahí estábamos dos desconocidos sobre la cama, actuando como si tuviésemos una verdadera relación, pero era una farsa, estaba vacía y yo lo sabía. No hay cosa más insatisfactoria que sentir cómo ese hombre entra dentro de tu cuerpo y te penetra hasta el alma y, cuando todo termina, saber que no hay conexión real. Mirarlo y preguntarse: ¿Quién es este al que le he entregado algo tan mío?».

O piensa en un matrimonio que se ha conformado con cuidar la llama del compromiso, pero que ha descuidado su amistad y su pasión. Igualmente, esa llama no es suficiente para calentarlos. Les deja insatisfechos. Fríos.

Cuando separas las llamas, quedas insatisfecho.

En una fría oscuridad.

Y créeme, no fuiste creado para eso.

LA FÁBULA DE LA LLAMA

Esta metáfora de la llama me hace recordar una fábula:

Una pareja recién casada, frustrada por las constantes tensiones en su relación, fue a visitar a un matrimonio anciano al que admiraban en secreto.

Este matrimonio anciano era conocido en el pueblo por haber formado una de las familias más sólidas del lugar. Después de más de cuarenta años juntos, superando crisis económicas, sufriendo algunas enfermedades y habiendo criado a cuatro hijos que ya estaban formando sus propias familias, lo que más sorprendía de ellos en el pueblo es que aún se besaban con pasión. Aunque no eran perfectos, sin duda su amor estaba muy vivo.

Sin embargo, el matrimonio joven tenía la sensación de que su amor se estaba muriendo. Primero, fueron los desacuerdos que dieron lugar a las peleas y como resultado de no lograr entendimiento alguno, la apatía tomó dominio en su relación. Les pareció más fácil ignorarse y vivir como solteros aun estando casados.

Pero, como se amaban, una noche fueron a la casa del matrimonio anciano en busca del secreto para salvar su relación. Estaban desesperados, pero los ancianos los miraron con cariño, con una de esas miradas que expresan: «Nosotros también estuvimos en ese momento» y les dijeron: «El secreto de nuestro matrimonio exitoso lo escondimos en nuestro huerto».

Miraron por la ventana hacia el huerto de los ancianos y no vieron más que oscuridad. Era de noche, no había ni una sola lámpara encendida y la luna apenas alumbraba con su pálido brillo, formando sombras entre los árboles.

Entonces, los ancianos encendieron una vela y se la dieron a la pareja para que comenzaran la búsqueda del secreto. Salieron al huerto con su pequeña llama, acercándose a las sombras en busca del secreto tan anhelado, pero pronto empezaron a preocuparse más por mantener la llama encendida que por encontrar el secreto. Los movimientos bruscos y la brisa del viento nocturno amenazaban con apagar la llama, y no querían verse a oscuras en medio de ese huerto lleno de árboles, agujeros y vaya a saber qué más sorpresas. Por lo que empezaron a caminar despacio, cubriendo la llama y teniendo cuidado de no perder su fuente de luz. Juntos, hacían un gran esfuerzo para no quedarse a oscuras.

Después de quince minutos sin aparente éxito, regresaron a la casa tristes por no haber encontrado el secreto de un matrimonio exitoso.

El anciano les preguntó: «¿Han descubierto nuestro secreto?»

Ellos le respondieron con desaliento: «Hemos estado tan concentrados en mantener la llama encendida que no hemos podido descubrir el secreto».

A lo que la anciana les respondió: «En realidad, sí que han descubierto el secreto: colaborar juntos en mantener la llama encendida».

Esta fábula me recuerda que no hay más secreto que este para mantener viva una relación: luchar unidos para mantener la llama encendida, protegerla juntos de los vientos de la noche y caminar agarrados a través de la oscuridad, confiando en la luz de su amor, que es una llama divina.

▬▬▬

CUANDO UNA PERSONA NO
PUEDE ENCONTRAR UN SENTIDO
PROFUNDO DE SU SIGNIFICADO,
SE DISTRAE CON EL PLACER.

VIKTOR E. FRANKL

10

SEXO

UN FUEGO CAPAZ
DE FUNDIR DOS ALMAS

Bésame una y otra vez, pues tu amor es más dulce que el vino.

Cantar de los Cantares 1:2

Nadie me lo dijo hasta que lo leí en la Biblia con mis propios ojos: a Dios le gusta el sexo. Sé que solo leer esta afirmación hace chirriar el cerebro de algunos mojigatos que no pueden asimilar que Dios tenga algo que ver con el sexo. Por eso voy a volver a escribirlo más despacio, por si tu mente necesita tiempo para asimilarlo:

A Dios

Le gusta

El sexo

Espero que no te dijeran algo parecido a lo que un religioso le dijo a mi padre cuando era adolescente: que el sexo es «el fruto prohibido». Si te lo dijeron, te mintieron.

Dios, el poeta detrás del poema de Cantar de los Cantares, más bien nos está invitando a comer del «fruto». Dios nos prepara la mesa y nos invita a un banquete lleno de sabores, olores y texturas.

Mi amado es un manzano, el mejor del huerto en comparación con cualquier otro joven. Me he sentado en su anhelada sombra y su fruto es delicioso para comer. Me lleva a la sala del banquete, y es evidente para todos cuánto me ama. Dame a comer tu amor tus pasas y tus manzanas pues muero de amor. Tiene su mano izquierda bajo mi cabeza y con la derecha me abraza.

Cantar de los Cantares 2:3-6

¡Qué deliciosa eres; qué agradable, amor, sumo deleite! *Eres alta y esbelta al igual que una palmera, y tus pechos son sus racimos. Yo me dije: «Subiré a la palmera y tomaré sus racimos». Sean ahora tus pechos como racimos de uvas y el aroma de tu aliento como manzanas, y tus besos tan embriagantes como el mejor vino, que resbala suavemente por labios y dientes.*

Cantar de los Cantares 7:6-9

El autor divino usa metáforas para describir los genitales de los amantes, con la forma de diferentes frutos. Uvas, manzanas y pasas, pero también como vino, leche y miel. Incluso los describe con olores y sabores.

Te da hambre solo con leerlo.

Pero no se detiene ahí, hace una preciosa descripción del cuerpo de los amantes, describiendo sus ojos como manantiales cristalinos, sus labios como una cinta de escarlata, su cuello como una torre de marfil, su cabello como una manada de ovejas recostadas en la montaña, sus pechos como dos cervatillos, su ombligo como una copa perfecta y sus muslos como una joya esculpida.

Entonces, ¿cuál es el propósito de este poema?

Sacar el sexo del cajón de las cosas vergonzosas y exponerlo en la vitrina del honor.

UN POEMA DIVINO

Aunque Cantar de los Cantares es un poema de alto contenido erótico, no es pornográfico. El autor del Cantar, a diferencia de la pornografía, busca la exaltación de la belleza y no la mera excitación. Si tomas todas las descripciones presentadas en la canción, el efecto global no es la fijación excesiva en alguna parte del cuerpo, como en la pornografía en la que la cámara solo se fija en los genitales, sino que más bien realza la belleza del cuerpo humano como un todo, desde los pies a la cabeza, tanto el masculino como el femenino. Cuando terminas de leerlo, no te sientes tan excitado como asombrado.

Además, en la pornografía, el sexo es el fin, en Cantar de los Cantares el amor es el fin.

¡Y qué amor! Un amor que se expresa como fidelidad, compromiso, pacto... Y, finalmente, como pasión. Pero no desliga el sexo del resto de expresiones del amor.

En otras palabras, Cantar de los Cantares no se trata de cómo hacer sexo, se trata de cómo hacer el amor.

Aun así, este es un poema controvertido para muchas mentes religiosas, que no pueden concebir los encuentros románticos de una pareja como algo espiritual, pero no lo es para la mente de Dios.

Dios es el poeta detrás del poema.

Admitir que este poema es de inspiración divina es admitir que Dios es el Dios del sexo, que la sexualidad entre un hombre y una mujer que se aman es idea divina y que esos encuentros apasionados no solo son permitidos por Dios sino promovidos por él.

LA SEXUALIDAD ENTRE UN HOMBRE Y UNA MUJER QUE SE AMAN ES IDEA DIVINA

Admitir que Dios es el autor intelectual de este poema es admitir que el sexo es un regalo divino para la humanidad, que Dios disfruta cuando disfrutamos del placer con nuestra pareja y que no hay nada de malo en gozar del cuerpo de nuestro amante.

Pero admitir que Dios habla a través de este poema es admitir también que el sexo fue diseñado para ser practicado exclusivamente por un hombre y una mujer bajo el pacto del matrimonio, que el placer sexual debe estar conectado al amor comprometido y que la fidelidad a nuestra pareja es indispensable.

Este poema nos habla de los beneficios del sexo, pero también de sus responsabilidades.

Deberías leer este poema en tu luna de miel.

Hazlo.

EL SEXO ES BUENO

En el romance descrito en Cantar de los Cantares, los encuentros sexuales de la pareja son descritos como la máxima expresión de su amor, lo que refleja el pensamiento de Dios acerca del sexo.

Desde las primeras páginas de la Biblia, desde el momento en el que Dios ordenó a Adán y a Eva: *«Tengan muchos hijos»* (Génesis 1:28), queda evidenciado que Dios no solo es el creador del sexo, sino también su principal promotor.

EL SEXO ES BUENO, COMO SU CREADOR ES BUENO

El sexo fue idea de Dios.

El diseño de acople del pene y la vagina fue idea de Dios.

El intercambio de fluidos fue idea de Dios.

El orgasmo fue idea de Dios.

Sí, una gran idea.

Algunas mentes pueden escandalizarse con la afirmación de que Dios aprueba el placer, pero no solo lo aprueba, sino que diseñó concienzudamente el cuerpo humano para disfrutarlo.

¿No fue Dios quien diseñó nuestra lengua con papilas gustativas para percibir los miles de sabores que creó para nuestro placer? ¿No fue Dios quien diseñó nuestro cuerpo para percibir olores, sonidos y sensaciones que producen en nosotros todo tipo de placer? Esta sensibilidad no es por mera supervivencia, es un derroche de creatividad a favor nuestro, solo para darnos placer. Y ese es el mismo Dios que diseñó el glande y el clítoris en nuestros cuerpos con la única finalidad de que disfrutásemos del placer sexual. Y añadió que era *«muy, pero muy hermoso»* (Génesis 1:31).

Dios está tan comprometido con nuestro placer, que cuando creó a Adán y Eva los puso en un jardín conocido como «Edén», que en hebreo significa: «Lugar de delicias».

Si piensas que el sexo tiene algo de oscuro, sucio o malo, lo que estás diciendo es que su creador tiene algo de oscuro, sucio o malo.

El sexo es bueno, como su creador es bueno.

Y si es bueno, tenemos la responsabilidad de considerarlo bueno y exponerlo como bueno.

Es más, la Iglesia debería ser la promotora del mejor sexo.

El sexo según el diseño de Dios.

Sexo del bueno.

Cantar de los Cantares es un desafío a sacar el sexo de la oscuridad del tabú y exponerlo a la luz de la verdad.

No esconderlo, sino elevarlo a su posición original.

EL MANUAL DEL FABRICANTE

Un amigo me contó una anécdota difícil de creer, pero me aseguró que era verídica. Uno de sus familiares compró una camioneta de trabajo que, según las especificaciones del manual del fabricante, funcionaba con gasolina. En un momento de crisis económica en el negocio, al hombre se le ocurrió que podría ahorrar algo de dinero mezclando gasolina y aceite de cocina. Cuando lo hizo, parecía que todo funcionaba con normalidad hasta que el coche empezó a oler a fritanga, después se recalentó y el motor quedó severamente dañado. Este hombre quiso hacer uso de la garantía vigente del automóvil, pero cuando el taller del concesionario se percató de lo que había ocurrido se negó a cubrir los gastos de reparación. El hombre fue al taller enfadado, exigiendo con cierta violencia que se hicieran cargo de la reparación, a lo que le contestaron: «No nos hacemos responsables de los daños producidos por el mal uso del automóvil».

Siempre que escucho a alguien decir: «Tengo derecho a usar mi cuerpo como yo quiera», o «Mi sexualidad la elijo yo», me imagino que Dios responde: «No nos hacemos responsables de los daños producidos por el mal uso del sexo».

Este es el punto: si Dios es el creador del sexo, él determina cuál es su diseño. Ignorar el manual del fabricante puede provocar que algo se rompa por mal uso.

Dios no es el Dios de las prohibiciones, sino de las opciones.

Dios no prohíbe el sexo, te da la opción de elegir disfrutarlo según su diseño o sufrirlo según el tuyo.

Lo admito, yo soy de los que aún leen el manual de instrucciones del fabricante. Llámenme raro.

CÓMO CORROMPER ALGO BUENO

El sexo es una de las expresiones del amor diseñado por Dios para decir cosas a tu amado que no puedes decirle con tus palabras.

Dios creó el sexo no como fin, sino como medio para expresar el amor, es decir, el sexo está al servicio del amor. Cuando así ocurre, el sexo encuentra sus límites en los dictados del amor y no hará nada que pueda ofender al verdadero amor. El teólogo San Agustín de Hipona lo expresó diciendo: «Ama y haz lo que quieras», porque cuando amas, todo lo que quieres, incluyendo el sexo, será para el bienestar máximo del ser amado.

Sin embargo, la pureza del sexo puede corromperse cuando deja de ser un medio para expresar el amor y se convierte en el fin último.

Las mejores cosas de la creación de Dios se corrompen cuando dejan de servir a los propósitos para las cuales fueron diseñadas y terminan sirviéndose a sí mismas.

Por ejemplo, comer. Creo que comer es una de las actividades más placenteras que existe. Sin embargo, cuando deja de ser un medio para convertirse en el fin último, se corrompe y se convierte en gula.

Comer, beber, jugar, dormir o comprar.

No importa lo que sea, cuando deja de cumplir la función para la cual fue diseñado por Dios, se corrompe.

Eso es lo que hace nuestra lujuria con las cosas buenas: nos hace obsesionarnos por alguna cosa o sensación, y convierte en «fin» algo que era tan solo un «medio». Entonces, lo transforma en el centro de nuestros deseos, pero al final termina robándonos el placer que eso nos daba al principio.

La palabra lujuria proviene del término griego *Epithumia*, que es la unión de dos conceptos: *Epi*, que significa «en», y *Thumos* que significa «mente».

En la mente.

La lujuria hace que algo ocupe un lugar excesivo en la mente. Algo como el sexo. ¿Sabes de lo que te hablo?

Estas conduciendo o en la reunión de trabajo o comiendo o haciendo deporte, pero no estás allí realmente porque tu mente está lejos, a kilómetros de distancia, pensando en sexo, pensando en cómo lograrás tu siguiente dosis.

Te atrapa la mente, porque la lujuria equivale a esclavitud.

Rinde todo el potencial de tu mente a una sola cosa.

Así es como comienza una adicción, pero lo peor es como termina: te roba el placer.

Esto me lo explicó un exadicto a la heroína: «Cuando te metes el primer golpe de heroína, alcanzas una experiencia de placer arrolladora. Es un éxtasis tan placentero que deseas volver a experimentarlo. Pero la experiencia de placer del primer golpe nunca más vuelve a repetirse, de hecho, el placer mengua con cada dosis. Cada vez necesitas más, pero sientes menos».

Eso mismo hace la lujuria con el sexo.

La pornografía, la prostitución o la promiscuidad son manifestaciones de la lujuria, la evidencia de que el medio se convirtió en el fin, de que el sexo dejó de servir al amor para servirse a sí mismo. Cuando el sexo toma el control de la mente de una generación, se venden mujeres en la calle como productos de consumo, se proyecta la intimidad por las pantallas, se abusa de la inocencia de los niños y se desviste a las personas con la mirada. Cuando el sexo toma el control de tu mente, aquello que llaman libertad sexual se convierte en esclavitud sexual.

Y cuando conviertes el sexo en el fin último te deja vacío, hambriento e insatisfecho.

El sexo es un amo cruel, porque fue diseñado para ser un sirviente del amor.

SÍNDROME DE SALOMÓN

El otro día, vi una campaña publicitaria de chocolate que decía: «Placer sin límites».

El eslogan tiene gancho, pero lo que dice es una trampa. El placer necesita límites o puede ocurrirnos lo que le ocurrió a Salomón.

Al comenzar su reinado en Israel, Dios se le apareció en sueños y le hizo una inusual propuesta: *«Pídeme lo que quieras, que yo te lo daré»* (1 Reyes 3:5). Salomón, a diferencia de lo que podrían haber pedido otros, no pidió poder o riquezas, sino que pidió *«sabiduría, para poder gobernar bien... y para tener un buen discernimiento de lo que es bueno o es malo»* (1 Reyes 3:9). Esta petición le agradó tanto a Dios que le concedió una sabiduría que excedió la de cualquier otro ser humano y que hizo su nombre famoso hasta los confines de la tierra.

Si prestas atención a la cronología de la vida de Salomón, te darás cuenta de que estaba dotado de una inteligencia sin igual.

Quizá la evidencia más notable de su sabiduría se encuentra en ese compendio de axiomas que salomón escribió en los primeros años de su reinado, conocidos como los «Proverbios de Salomón».

Sin embargo, hacia el final de su vida, Salomón escribió un texto extraño, un tanto oscuro y depresivo, conocido como «Eclesiastés». En él, hace afirmaciones como *«según mi entender, nada vale la pena; todo es vano»* (Eclesiastés 1:2) A medida que lees sus afirmaciones, te das cuenta de que están cargadas de apatía, como si Salomón hubiese perdido la alegría de vivir, como si hubiese perdido su asombro por la belleza de la vida.

Cualquiera que lea los Proverbios y después lea Eclesiastés, se da cuenta de que, aunque es el mismo autor, su estado mental era diferente.

Entonces, ¿qué ocurrió en la vida de Salomón entre Proverbios y Eclesiastés?

Ocurrió que Salomón no puso límites a su placer.

Comió y bebió todo lo que le pedía el cuerpo, acumuló oro incontable y compró todo lo que quiso, todos los objetos, todas las experiencias y hasta todas las personas que deseaba comprar.

En otras palabras, el hombre más sabio del mundo hizo la cosa más estúpida del mundo: no poner límites a su placer.

De hecho, se hizo famoso por reunir en su harem personal a más de mil mujeres dedicadas a darle placer sexual. Eso es una exageración tan grande que me atrevo a afirmar que Salomón era un adicto al sexo. Las consecuencias fueron terribles, Salomón perdió la sensibilidad, después perdió el gozo y, finalmente, quedó mentalmente perturbado.

El exceso te roba tu capacidad para disfrutar el placer.

La sobrestimulación te hace insensible.

Eso me hace recordar la conversación con un amigo que se definía a sí mismo como adicto al picante. Años atrás, había comenzado a echar picante en la comida, primero solo en la carne, pero terminó echándoselo a todo, incluso a la fruta. Cuando quiso darse cuenta, llevaba su botecito de picante en el bolsillo para añadirlo a la comida de los restaurantes. Pero recuerdo su triste confesión mientras comíamos: «He abusado tanto del picante que he quemado mis papilas gustativas. Ya no percibo bien los sabores y sin picante la comida no me sabe a nada».

Eso mismo ocurre con el exceso de sexo.

Por eso, es tan importante respetar los límites que Dios ha establecido para disfrutar el placer sexual, porque si te das al placer sin límites, pierdes tu capacidad para disfrutar del placer.

SEXO SEGURO

Recuerdo otra conversación que tuve con una pareja cristiana unas semanas antes de su boda. En ese momento, tenían unos días libres y la posibilidad de hacer un viaje juntos al extranjero, pero querían saber mi opinión respecto a ese viaje. Para que entiendas el contexto, tienes que saber que esa pareja tenía el lugar de la ceremonia reservado, las invitaciones entregadas y hasta habían acordado el menú del restaurante. La boda era algo seguro y todos lo sabíamos. La conversación se dio de la siguiente manera:

- «¿Me están preguntando si me parece prudente que hagan un viaje solos al extranjero antes de casarse con los riesgos que eso supone? – les pregunté.

- Es una gran oportunidad que no se volverá a repetir – me contestaron ellos casi como una súplica.

- ¿Se dan cuenta de que un viaje como ese implica exponerse a la posibilidad de tener contacto sexual antes de la boda? – les volví a preguntar con asombro, sabiendo que era una pareja que conocía el diseño de Dios para el sexo.

A lo que me contestaron:

- Si nos amamos, ya hemos decidido que vamos a casarnos y tenemos todo listo para la ceremonia, ¿qué hay de malo en mantener relaciones sexuales unas semanas antes de la boda?».

En ese momento, les recordé con pesar las palabras de Salomón:

Todo está bien en su momento oportuno. **Eclesiastés 3:11**

Cuando practicas sexo fuera del tiempo para el cual fue diseñado se corrompe. Algo bueno, en el momento equivocado, se convierte en algo malo.

¿Por qué? Porque el sexo es algo tan profundo, que mal usado puede crear daños profundos.

En el acto sexual se establece la unión más profunda que existe entre dos personas. Sean conscientes o no de ello, cuando sus cuerpos se unen, sus almas se funden. Pablo advirtió a la Iglesia en Corinto, uno de los centros de comercio más importantes de su época y ciudad conocida por la cantidad de prostíbulos, acerca del peligro de unirse sexualmente a una persona fuera de un pacto matrimonial:

EN EL ACTO SEXUAL LAS ALMAS SE FUNDEN

¿No saben que cuando un hombre se une a una prostituta se hace parte de ella y ella de él? Dios nos dice en las Escrituras que «los dos se vuelven una sola persona». **1 Corintios 6:16**

«Se vuelven una sola persona» es una declaración muy profunda que describe lo que ocurre más allá de la piel de los implicados.

Mantener relaciones sexuales con una persona no se trata de un servicio que puedes comprar, consumir y olvidar. Tu alma no lo olvida porque queda un rastro en ella, aunque tu mente no lo perciba.

En el acto sexual las almas se funden.

Aunque sea pasión de una sola noche, aunque no conozcas su nombre, aunque no esté ahí al despertar, quedáis ligados.

Es como cuando pones en contacto dos piezas de metal y las sometes a la influencia del fuego. Empiezan a fundirse una sobre la otra, se amalgaman hasta que ya no sabes dónde termina una y donde empieza la otra. Su fusión es tan profunda que los átomos de una pieza se unen a los átomos de la otra. Cambian su naturaleza para convertirse en algo nuevo. Una vez que ha ocurrido esta unión, si intentas separar las dos piezas en frío implicara la ruptura de ambas. Trozos de metal se perderán o quedarán adheridos a la otra pieza. No vuelven a su estado original.

La sexualidad es un fuego que funde dos almas y las convierte en una sola. Es una necedad pensar que después puedes separarlas en frío sin que se produzca una ruptura. Algo de él queda en ella y algo de ella queda en él. Algo se pierde. Siempre.

El sexo, desligado del pacto del amor, es inevitablemente dañino.

Algunos pueden decir: «Para nosotros solo fue placer y no ha producido ningún tipo de dolor», pero, tristemente, las heridas del alma no se perciben tan rápido como las heridas del cuerpo, pero son reales y más duraderas.

Por esa razón, Dios estableció que el sexo debe ser algo reservado para dos personas que se comprometan a proteger el alma de la otra persona para siempre, porque en el acto sexual se produce una unión tan profunda, que sin un pacto que la proteja, puede destruir profundamente.

Ese pacto de protección se llama matrimonio.

Practicar sexo fuera de los límites de protección del pacto matrimonial corrompe el diseño que Dios le dio: hacer de dos personas una.

Recuerdo que, en nuestra luna de miel, cuando mi esposa y yo hicimos el amor por primera vez, una lágrima se deslizó por su mejilla. Pensando que quizá la había hecho daño, que no había sido lo suficientemente cuidadoso, le pedí perdón. Pero ella, mirándome a los ojos con su alma más desnuda de lo que estaba su cuerpo, me dijo unas palabras que jamás olvidaré: «No lloro de dolor, sino de emoción. Estoy asombrada por lo que siento, aunque no sé cómo explicártelo. Por primera vez, he sentido como alguien entraba en mi alma. Te siento más cerca, más dentro, más mío, de lo que jamás te he sentido. Me siento vulnerable como nunca, pero a la vez me siento segura».

No tienes derecho a entrar en un lugar tan sagrado como el alma de una persona sino te comprometes a cuidar su alma para siempre.

Aunque, anualmente, el gobierno español haga una campaña publicitaria animando a los jóvenes a usar el preservativo en sus relaciones sexuales para evitar embarazos no deseados o el contagio de enfermedades de transmisión sexual con el eslogan: «Practica sexo seguro, usa el preservativo»; en realidad, no hay sexo seguro fuera del matrimonio, porque el preservativo no puede proteger el alma.

En conclusión, el mejor sexo se obtiene cuando se practica según el diseño de su creador: como una expresión del amor dentro del pacto matrimonial. Cuando así ocurre, los esposos son bendecidos por Dios con estas palabras: «¡Oh, amado y amada, coman y beban! ¡Sí, beban hasta saciarse!» (5:1).

SIN VERGÜENZA

Hay algo que me atrae profundamente de la relación entre la Sulamita y el pastor que describe Cantar de los Cantares, algo que mi alma anhela con nostalgia. Me refiero a un estado de libertad absoluta. Ellos estaban el uno frente al otro, completamente desnudos, pero sin sentir vergüenza, como Adán y Eva. Como si ese amor hubiese creado alrededor de ellos una atmósfera, como si los hubiese llevado de vuelta al paraíso. A ese lugar libre de turbación de donde venimos. Ese lugar que añoramos a causa de nuestro destierro por el Pecado.

Aunque en ese tiempo el hombre y la mujer estaban desnudos, no se sentían avergonzados. **Génesis 2:25**

He vivido lo suficiente y he escuchado suficientes historias de personas a las que amo para saber que algunos de nuestros recuerdos más dolorosos están conectados con nuestra sexualidad. Al menos, mis mayores vergüenzas han estado conectadas con mi sexualidad. Así es para la mayoría.

Alguien te tocó cuando eras solo un niño.

Le dijiste que no querías hacerlo, pero te forzó.

Le entregaste tu cuerpo a alguien que simplemente lo usó.

Eres adicto a un tipo de estímulo erótico que te hace perder el control.

Experimentas deseos intensos por alguien del mismo sexo.

Compras la intimidad de otros por Internet para consumirla en secreto.

Para muchos, el sexo no se conecta con la alegría sino con la tristeza, no se parece al paraíso sino al desierto. Es motivo de algunas de tus mayores vergüenzas, por lo que te hicieron o por lo que has hecho a través de él.

Pero la Biblia relata que, al principio, no era así. Fuimos creados libres de la vergüenza. En un mundo gobernado por el amor, Adán y Eva estaban desnudos y no sentían vergüenza. Completamente desnudos y completamente libres de miedo. Casi parece una utopía, pero fuimos creados así. Sin embargo, el gobierno del amor fue derrocado por la tiranía del pecado y una de las primeras cosas que fue afectada fue nuestra sexualidad.

Porque eso es lo que hace el pecado, lo corrompe todo.

Tan pronto lo comieron, se dieron cuenta de que estaban desnudos y sintieron vergüenza. Entonces cosieron hojas de higuera para cubrir su desnudez. **Génesis 3:7**

Lo que antes habían visto con los ojos del amor, visto a través de los ojos del pecado, causaba un profundo rubor en ellos. Por eso, cosieron hojas de higuera para cubrir su desnudez, para ocultarse de la mirada del otro.

Se cubrieron con hojas perecederas, insuficientes como todos nuestros intentos de hacer desaparecer nuestro sentido de indignidad.

Pero Dios amó tanto a Adán y Eva, que los miró con compasión mientras se escondían avergonzados. Sacrificó un animal inocente, le arrancó su piel y con ella les hizo un vestido para cubrir su desnudez. Cubrió su piel con la piel de un inocente. Cubrió su ignominia.

Dios el Señor hizo túnicas de pieles de animales, y con ellas vistió al hombre y a su mujer. **Génesis 3:21**

Pero aún más impresionante es que Dios nos ama tanto a ti y a mí, que nos mira con compasión mientras nos escondemos avergonzados. En la cruz, Jesús el inocente se sacrificó por nosotros para cubrir nuestra indignidad. Fue desnudado delante de la humanidad, expuesto de forma vergonzosa delante de todos los hombres, para cubrirnos a nosotros y liberarnos del poder esclavizador de nuestros errores pasados. Jesús se dejó desgarrar la piel en la cruz para vestirnos de inocencia a nosotros.

Ese es el poder de Jesús. Toma una cruz, que en tiempos del imperio romano era un instrumento para condenar al culpable, y lo convierte en un símbolo de libertad para todos los pecadores, transforma un instrumento de vergüenza en un símbolo de gracia.

Porque eso es lo que hace Jesús, lo restaura todo.

Convierte nuestros fracasos en un testimonio de perdón, liberación y esperanza.

Por esa razón, no hay nada en tu sexualidad que no pueda ser redimido por el poder de Jesús.

Jesús puede redimir todo lo que el pecado corrompió.

Todo.

Porque Jesús es tu nueva piel.

Foto de Daniil Lobachev en U

EL HOMBRE VALIENTE ES EL QUE
NO SOLO SUPERA A SUS ENEMIGOS,
SINO TAMBIÉN A SUS PLACERES.
DEMÓCRITO

AMOR O DESEO

11.
UNA VERDADERA PRUEBA DE AMOR

AMOR O DESEO

El príncipe Absalón, hijo de David, tenía una hermosa hermana llamada Tamar. Amnón, su medio hermano, se enamoró intensamente de ella. Tanta angustia sufrió Amnón por aquel amor que se sintió enfermo. No encontraba la manera de estar a solas con ella, pues ella era virgen. Pero Amnón tenía un amigo muy astuto, su primo Jonadab hijo de Simá, hermano de David. Un día Jonadab dijo a Amnón:

—¿Qué te pasa, pues cada día te ves más desmejorado? ¡No pareciera que fueras hijo del rey!

—Estoy enamorado de Tamar, mi medio hermana —le respondió Amnón.

—Bien —dijo Jonadab—, te diré qué debes hacer. Anda, acuéstate y simula estar enfermo. Cuando tu padre venga a verte, pídele que deje venir a Tamar para que te prepare algo de comer. Dile que te sentirás mejor si ella te da la comida.

Así lo hizo Amnón. Cuando el rey fue a verlo, Amnón le pidió que su hermana Tamar le preparara dos tortas y se las sirviera. (...)

[Entonces Amnón] le dijo a Tamar:

—Ahora tráeme la comida a mi habitación, y dame tú misma de comer.

Tamar le llevó las tortas que le había preparado. Pero cuando se acercó para darle de comer, Amnón la agarró y le exigió:

—Acuéstate conmigo, hermana mía.

—¡Amnón! —gritó ella—. ¡No seas necio! ¡No me hagas esto! Tú sabes cuán grave es este delito en Israel. ¿A dónde podría ir con mi vergüenza? Y tú serías conocido como el más grande perverso de Israel. Mejor habla con el rey, que de seguro él dejará que nos casemos.

Pero Amnón no atendió a sus ruegos, sino que, como era más fuerte que ella, la agarró por la fuerza y la violó. Luego, repentinamente su amor se convirtió en odio, y la odió mucho más de lo que la había amado.

—¡Largo de aquí! —le gritó.

—¡No, no! —lloró ella—. Rechazarme ahora es un crimen peor que el que ya has cometido.

2 Samuel 13:1-6, 10-16

Este es el relato de una obsesión que terminó en tragedia.

Amnón se enamoró perdidamente de su hermanastra Tamar. Los dos habían crecido en el palacio real porque eran hijos del rey David, del mismo padre, pero de diferente madre. Sin embargo, llegó el momento en el que Amnón comenzó a ver a Tamar de una forma diferente, no con los ojos tiernos de un hermano, sino con los ojos ardientes de un hombre consumido de deseo. De hecho, era evidente para todos en el palacio que Tamar había dejado de ser una niña para convertirse en una mujer cautivadora, vestida con su hermoso vestido de princesa que anunciaba que era una virgen reservada para aquel que llegase a convertirse en su esposo. Aquel al que el rey diese su bendición.

Pero Amnón se obsesionó con Tamar, deseaba tenerla, y cuanto más pensaba en los obstáculos que existían para poder poseer el objeto de su deseo, más se enfermaba su cuerpo, hasta que se hizo demasiado evidente para uno de sus amigos llamado Jonadab, al que le reveló el secreto de su corazón. Jonadab concluyó diciendo a Amnón lo que esperaba escuchar: «Si la quieres, tómala», y, con esas palabras, Jonadab impulsó a la muerte a su amigo como no lo había logrado ninguno de sus enemigos.

Amnón urdió un plan sencillo, se declaró enfermo delante del rey y pidió que Tamar le asistiese con sus cuidados. Cuando por fin logró quedarse a solas con ella, la agarró de la mano y le declaró sus deseos diciendo: «Acuéstate conmigo porque te amo». Ella se resistió, pero él insistía descontroladamente. Cuanto más intentaba soltarse de él, más fuerte la agarraba, hasta causarle dolor en el brazo. Sintiéndose acorralada, Tamar imploró a Amnón diciendo: «Si realmente me amas, pídele mi mano al Rey porque él no te la negará. Pero no hagas esto a escondidas, no lo hagas sin la bendición del Rey. No consumes esta maldad que me pondrá en vergüenza a mí y te hará quedar como un necio a ti». Pero él, incapaz de escucharla a causa de su deseo incontrolado por acostarse con ella, concluyó la conversación diciendo: «Te quiero y te quiero ahora». Forzándola, la empujó sobre la cama, rasgó sus vestidos de princesa virgen y, poniéndole el nombre exacto a lo que ocurrió, la violó.

Convirtió sus besos en mordiscos, sus caricias en arañazos y sus manos en cadenas. En un instante, cambió el honor de esa mujer en vergüenza, por unos segundos de placer.

Por solo unos segundos de placer.

Pero lo más impactante de este relato es leer cómo las emociones de Amnón se transformaron en un instante. Después de abusar de ella, un cambio radical se produjo en la manera en la que veía a Tamar:

Luego, repentinamente su amor se convirtió en odio, y la odió mucho más de lo que la había amado. **2 Samuel 13:15**

Cuando se consumió el fuego del deseo, quedaron las cenizas del desprecio. Aquello que él había definido como verdadero amor se convirtió en verdadero odio.

Él, de pie mirando hacia la pared, comenzó a comprender que un instante de placer en su cuerpo no podía compensar la amargura que ahora estaba invadiendo su alma. Ella, sentada al borde de la cama, con un intenso dolor en su cuerpo pero que no podía compararse con la agonía que sufría su alma, le suplicó entre lágrimas que asumiese su responsabilidad. Mientras intentaba componer su vestido roto, le rogó que no empeorase las cosas haciendo como si nada hubiese ocurrido. Pero, sin apartar la vista de la pared, la echó de la habitación como una indeseable.

> **CUANDO SE CONSUMIÓ EL FUEGO DEL DESEO, QUEDARON LAS CENIZAS DEL DESPRECIO**

Aquella mujer que había entrado como una princesa, ahora era expulsada como una prostituta.

Si continúas leyendo el relato bíblico, podrás observar que este acontecimiento desencadenó una serie de catastróficas consecuencias en la vida de ellos y de sus seres queridos, terminando Tamar profundamente avergonzada, Amnón brutalmente asesinado y la familia irremediablemente dividida.

Una obsesión que terminó en tragedia.

DOMINADOS POR EL ESPÍRITU DE AMNÓN

Lo más preocupante de esta antigua historia, es que es una historia actual. Ocurre constantemente y tú puedes ser el protagonista.

Sé que no te va a gustar, pero es la verdad.

Y la verdad duele, pero también sana.

Nuestra generación está dominada por el espíritu de Amnón: anhelan el amor, pero confunden el «Amor» con el «Deseo». Amnón anhelaba el amor y podía sentir algo intenso por Tamar, pero confundió amor con deseo.

EL AMOR SE PREOCUPA POR EL BIENESTAR A LARGO PLAZO, EL DESEO SOLO PIENSA EN SATISFACER EL CAPRICHO MOMENTÁNEO

Él declaraba que la amaba, pero pronto se descubrió que esa palabra estaba vacía de significado para él. Demasiado sentimiento e insuficiente significado. Quizá sentía en sus entrañas el rugir del instinto sexual, en su mente la fascinación por la belleza femenina, en su corazón la explosión de las emociones del enamoramiento, pero no experimentó el significado del amor verdadero. La deseaba, pero no la amaba.

¿Por qué me atrevo a afirmar esto?

Porque si realmente la hubiese amado, hubiese sido capaz de refrenar su deseo sexual para no deshonrarla.

AMOR O DESEO

Alguien le preguntó a un sabio: «¿Cuál es la diferencia entre desear y amar?»

Y el sabio contestó con esta metáfora: «Cuando deseas una flor, simplemente la arrancas para usarla en tu beneficio, pero, cuando amas a una flor, la riegas y la proteges velando por su beneficio. Si comprendes esto, comprenderás la diferencia».

Desear es tomar posesión de alguien y esperar que satisfaga tus necesidades, a pesar de la terrible consecuencia de que termine marchitándose como una flor cortada.

Amar es buscar el bienestar máximo de la otra persona, incluso por encima del bienestar personal. Es derramarte sobre el ser amado como agua que se derrama sobre una flor.

Entonces,
¿cómo puede ser amor si no respeta a la otra persona?

¿cómo puede ser amor si avergüenza a la otra persona?
¿cómo puede ser amor si destruye a la otra persona?

El amor se preocupa por el bienestar a largo plazo, el deseo solo piensa en satisfacer el capricho momentáneo.

Piensa que una flor cortada no se marchita al instante, pero ya está sentenciada a morir. De la misma manera, hay tantas cosas que aparentemente no provocan ningún mal, pero que en realidad están sentenciando a nuestra pareja a la muerte. Por eso, el que ama muchas veces tiene que decirse «No» o decir «No» a su amado, porque el que ama no busca hacer feliz a su pareja un momento, sino hacerla feliz a largo plazo.

Tristemente, esta historia revela que Amnón tenía más fuerza en sus genitales que en su corazón.

Pensó que el amor se mide por cuánto deseo sientes por la otra persona y no entendió que el amor se mide por cuántos deseos estás dispuesto a sacrificar por el bienestar de la otra persona.

Amnón ardía por Tamar con un fuego equivocado, la deseaba, pero nunca llegó a amarla.

¡Qué poco duró la llama de este hombre!

No comprendió que el fuego del deseo es una llama que dura unos segundos, con suerte unos minutos, pero el fuego del amor es una llama que perdura.

Me atrevo a afirmar que probablemente Amnón amaba más las emociones que sentía por Tamar de lo que amaba a la propia Tamar. Confundió estar enamorado de ella con amarla de verdad. Creyó que amar es sentir, cuando en realidad amar es buscar el bienestar máximo de la otra persona a pesar de lo que sientes; a veces, en contra de lo que sientes.

¡Y entiéndeme! Estás en peligro de ser dominado por el espíritu de Amnón, tanto si eres hombre como si eres mujer.

TOMAR LO QUE NO TE PERTENECE

Por si fuera poca la falta de cordura de este necio, no solo no tenía amor por la princesa, sino que tampoco tenía temor al rey. El rey que era su padre y el padre de ella. El rey que estaba emocionalmente involucrado en la vida de sus hijos, pero que estaba siendo insultantemente ignorado. Como si no tuviese nada que ver en esa relación.

Al observar el dramático cuadro que nos pinta la historia, no puedo ignorar el mensaje simbólico que pretende transmitirnos:

Nosotros somos los hijos del rey.

Dios es el rey de la historia.

La princesa de la que nos hemos enamorado es también hija del mismo rey.

El rey, antes que rey, es padre.

El padre está emocionalmente involucrado en este asunto.

Y aunque no es agradable admitirlo, acostarte con la hija del rey sin el consentimiento de su padre, es violar a su hija.

Aunque ella te diese su consentimiento para hacerlo, incluso aunque insistiese en hacerlo, si el padre no te da su bendición estás violando a su hija, porque violar significa entrar en un terreno que no te pertenece. Y hasta que el padre no te la da, su hija es de su pertenencia.

Cuando das rienda suelta a tu deseo sexual de forma prohibida, sin la bendición del padre, aunque lo excuses alegando que es amor, estás poniendo tu mano sobre la hija del rey, estás profanando algo sagrado.

No debes tomar lo que le pertenece al rey si él no te lo ha entregado.

No lo hagas.

Y si lo haces, dime, ¿cómo te defenderás de la ira de un rey que ha sido burlado? O peor aún, ¿cómo te defenderás de la ira de un padre cuya hija ha sido deshonrada?

LLAMARLO AMOR CUANDO QUIERES DECIR SEXO

Los que tienen el espíritu de Amnón se dan a conocer porque desean el placer, pero rechazan la responsabilidad; persiguen la intimidad física, pero huyen del pacto matrimonial; quieren disfrutar de los beneficios del sexo, pero no pagar el precio del compromiso.

Además, son expertos en la manipulación emocional de sus parejas para lograr lo que desean.

«En este momento necesito que me demuestres que me quieres, sentir que soy especial para ti, que estás dispuesta a darme lo que te pido sin negarme nada», dicen con voz de víctima.

«Dame una prueba de tu amor» dicen como si les debieses algo.

Pero lo que realmente están diciendo es: «Quiero sexo, ahora».

No hay más profundidad en sus palabras que esa.

Parece que están hablando de amor, pero están hablando de orgasmo.

Pero si nadie te lo había dicho antes, déjame que te lo grite a través de estas letras impresas ¡El sexo no es una prueba del amor, es la recompensa del amor!

Dar sexo en cualquier momento no demuestra nada porque darlo no requiere un gran sacrificio, sin embargo, reservarlo hasta el momento correcto implica el sacrificio total de nuestros instintos más básicos.

La verdadera prueba del amor es ser capaz de dominar tus deseos sexuales y esperar a tener sexo en el momento correcto, cuando el rey te da su bendición para tomar a su hija o a su hijo.

No hay mayor prueba de amor que esa.

CÓMO TERMINAR ABORRECIENDO LO QUE HAS DESEADO

De la historia de Amnón y Tamar aprendemos que cuando satisfaces tu deseo sexual de forma prohibida, aquello que tanto deseabas se convierte en lo que más aborreces.

Luego, repentinamente su amor se convirtió en odio, y la odió mucho más de lo que la había amado. **2 Samuel 13:15**

Es fácil entender que Tamar aborreciese al hombre que la deshonró, pero ¿por qué Amnón la aborreció a ella cuando la había deseado tanto?

Porque puso en ella una expectativa que ella jamás podría cumplir.

Amnón pensó: «Si la poseo, entonces me sentiré pleno».

Creyó que poseerla llenaría de sentido su vida, puso en ella la expectativa de obtener el significado que anhela toda alma humana.

Creyó que ella era la respuesta a las preguntas más profundas de su corazón: «¿Quién soy? ¿cuánto valgo? ¿para qué existo?»

Entonces la poseyó, pero no obtuvo lo que anhelaba.

Vacío.

Sin respuestas.

Solo una insoportable sensación de estar incompleto.

Lo peor que nos puede ocurrir es conseguir lo que queremos y descubrir que lo que realmente queríamos era otra cosa.

Entonces Amnón volvió a mirar a Tamar y sintió ira.

Porque la expectativa no cumplida siempre conduce a la ira.

Lo que Amnón no entendió es que el sentido de su vida, la plenitud de su alma, las respuestas a las preguntas de su corazón, no se encontraban en Tamar, sino en el rey. En su padre.

Nuestro significado se encuentra en la bendición del padre.

PELIGROSAMENTE NECIOS

Desconocer el poder que tiene el sexo para crear o destruir en la vida de las personas es la evidencia de una generación necia.

El sexo mal usado puede convertir el amor en odio.

EL SEXO MAL USADO PUEDE CONVERTIR EL AMOR EN ODIO.

Como pastor, recibo constantemente mensajes de jóvenes que creyeron que dar sexo a sus parejas antes de casarse les uniría más y los impulsaría hacia el matrimonio, pero descubrieron con dolor que el sexo en el momento incorrecto los separó y anuló todos sus planes de futuro.

Como el correo de una mujer de quince *años que se lamentaba por haber dado una «prueba de amor» a alguien que terminó odiando:* «Yo nunca me había acostado con nadie, pero estaba locamente enamorada de él. Pasó el tiempo y terminamos en la cama juntos, haciendo cosas que yo sabía que no eran correctas, pero rompí mis propias normas para no perderlo. Ese es el error más grande que pude cometer. Creía que haciendo lo que el chico deseaba, iba a estar loco por mí, pero eso no es verdad. Ahora ya no estamos juntos y siento que se ha llevado algo de mí. Lo odio».

No han sido pocas las veces que he corrido detrás de jóvenes que abandonaban la comunidad de la Iglesia y, mientras les rogaba que no se marchasen, me han respondido con palabras bañadas en lágrimas: «No puedo estar cerca de esa persona que antes amé, pero que ahora odio».

Siendo honestos, las personas a las que se referían con tanto resentimiento, no eran el estereotipo de personas crueles, ojalá lo hubiesen sido porque hubiese sido más fácil arremeter contra ellas, sin embargo, eran jóvenes con valores cristianos y que se esforzaban por vivir conforme a sus creencias.

Sencillamente, eran jóvenes dominados por el espíritu de Amnón.

Eran jóvenes que anhelaban el amor, pero que confundieron el amor con el deseo.

Eran jóvenes que se adelantaron a tomar algo de la otra persona que Dios todavía no les había entregado.

Eran necios, pero no crueles.

Bastante estúpidos, si me permites ser claro, pero no malvados.

Sin embargo, no hace falta ser cruel para crear una catástrofe en la vida de una persona y muchas veces la ignorancia ha provocado más dolor que la maldad.

Al igual que Tamar, he visto la vida de muchos jóvenes arruinada por un Amnón que no supo poner bajo dominio sus deseos , provocando después un peso de culpa tan insoportable sobre ellos que terminó arruinando la relación y precipitando finalmente a alguno de los dos a alejarse de Dios, a causa de un sentido agudo de vergüenza por lo ocurrido.

Créeme, si hay algo que debería causarte temor es saber que un día estarás cara a cara con el rey y no conviene que él pueda reprocharte la muerte de una de sus hijas a causa de la irresponsabilidad con la cual trataste su corazón.

Piensa en esto la próxima vez que seas tentado a excederte con una princesa.

UNA VERDADERA PRUEBA DE AMOR

¿Quieres darle una prueba de amor verdadero a tu pareja?

No le des sexo en una noche cualquiera, dale tu virginidad en la noche de bodas.

Lo que estoy diciendo, sé que es motivo de burla en una cultura promiscua que da poco valor al sexo y presiona a la juventud a liberarse de la virginidad lo antes posible, como si ser virgen fuese un estigma

SE NECESITA VALOR PARA VIVIR EN UN NIVEL SUPERIOR A TUS DESEOS

vergonzoso. Pero preservar la virginidad como una prueba de amor para alguien especial, no es para nada una marca de vergüenza, sino una insignia de valor.

Porque solo los valientes son capaces de vencerse a sí mismos.

La cultura promiscua nos ha enseñado que la libertad es hacer siempre lo que deseas, satisfacer a tus instintos sin restricciones, pero no hay nada que te esclavice más que someterte a los designios de tus deseos, ser un siervo de tus instintos.

Se necesita valor para vivir en un nivel superior a tus deseos.

Se necesita coraje para negar tu impulso sexual.

El amor es para valientes.

Cualquiera puede hacer sexo, pero solo los valientes hacen el amor.

El amor de los valientes dice «No» a algunos estímulos para decir «Sí» a algunas convicciones. Y créeme, lo que obtienes supera con creces a lo que pierdes.

Pero, honestamente, siendo alguien que ha sufrido en la lucha contra mis deseos sexuales, le pregunté a Dios: «*¿Por qué desarrollamos nuestro deseo sexual antes de tener tu aprobación para utilizarlo?*».

A los catorce años, la mayoría de hombres y mujeres ya estamos físicamente listos para mantener relaciones sexuales y con el impulso para hacerlo, somos una bomba de hormonas en ebullición, sin embargo, Dios no nos permite mantener relaciones sexuales con nuestra pareja hasta el matrimonio, que puede tardar años en llegar.

¿No sería más fácil que el despertar sexual se produjese el día de la boda?

¿Por qué Dios nos ha diseñado de tal manera que tengamos que ejercer una lucha tan feroz contra nuestros deseos sexuales para llegar vírgenes al matrimonio?

La respuesta de Dios le dio un sentido a mi batalla sexual:

«Al activar tu deseo sexual antes de tener permiso para utilizarlo te estoy dando la oportunidad de llevar el tesoro de tu conquista a tu amada en la noche de bodas».

Cuando un soldado de la antigüedad conquistaba una ciudad, tenía derecho a tomar una parte de su tesoro para llevarlo como obsequio a su amada, para honrarla por estar esperándole fielmente en su hogar. Lo importante de ese tesoro no era su valor cuantitativo, sino su valor simbólico. Cuanto más difícil, había sido la batalla para conquistar esa ciudad, mayor valor representaba el tesoro. Ese objeto sería expuesto en el hogar como un recuerdo para la familia de su valentía en la batalla.

Por esa misma razón, Dios permite que experimentes el deseo sexual antes de que tengas la aprobación para usarlo, para que tengas la oportunidad de conquistarte a ti mismo y vencer la batalla contra tus deseos sexuales, para, de esta forma, llevarle algo valioso a tu amada en la noche de bodas. Un obsequio por el que tuviste que luchar una guerra contra ti mismo, el gran tesoro de tu conquista personal, tu virginidad.

En realidad, cualquiera puede regalar algo caro a otra persona si tiene suficiente dinero. Sin embargo, solo los valientes que han conquistado su sexualidad pueden regalarle su virginidad a la persona que aman, algo de un valor simbólico tan elevado que el dinero jamás podrá comprarlo.

La noche de mi boda, yo le di algo exclusivo a mi amada, algo que no le he dado a otra persona y que jamás se lo daré. Un tesoro que me costó una gran lucha obtener, que representaba años de espera, disciplina y sacrificio. También representaba duchas frías, huidas desesperadas y ruegos de ayuda. Y, por qué no admitirlo, representaba la resistencia a la burla de otros durante años. Representaba una historia de valor, era un obsequio de un costo invaluable. Estoy hablando de mi virginidad.

Esa noche, como un guerrero valiente, llegué a mi hogar, llegué a ella. Traía conmigo mi tesoro especial, dispuesto a entregárselo a ella y solo a ella. Con lágrimas de alegría le dije:

«Con este tesoro que ahora te entrego, quiero declararte que tú vales para mí todo el sacrificio que me ha costado traerte mi virginidad hasta esta noche. Eso es lo que tú vales para mí, todo este sacrificio, toda esta historia de conquista personal. Mi historia».

Esa fue mi prueba de amor.

¿Puede una noche de deseo cualquiera,
con cualquiera,
de cualquier manera,
superar una noche de amor como esta?

EL DIOS QUE SE INCLINA Y NOS LEVANTA DEL POLVO

Si entregaste tu virginidad a alguien que ya no forma parte de tu vida y piensas: «No hay restauración para mi error, ya no tengo nada exclusivo que ofrecer a la persona con la que me casaré, lo he perdido y es irremplazable», déjame decirte que nuestro Dios es capaz de restaurarlo todo, incluso tu pureza sexual. La gracia de Dios tiene poder de hacerlo todo nuevo, incluso darte una nueva virginidad, para que luches por ella y lleves el tesoro de tu conquista a alguien especial en tu noche de bodas.

Porque la virginidad es un asunto del alma más que del cuerpo y no hay mejor restaurador de almas que Jesús.

El Evangelio nos cuenta la historia de una mujer cuya alma estaba arruinada, en el polvo.

Entonces los maestros de la ley y los fariseos llevaron a una mujer que había sido sorprendida en adulterio. La pusieron en medio del grupo y le dijeron a Jesús:
—Maestro, esta mujer ha sido sorprendida en el momento mismo en que cometía adulterio. La ley de Moisés nos ordena que debemos apedrear a esa clase de mujeres. ¿Tú qué dices? **Juan 8:3-5**

¿Puedes imaginarte la vergüenza que estaba sintiendo esta mujer?

Sorprendida en el acto mismo de adulterio.

Abandonada a su suerte por el hombre con que se había acostado.

Traída violentamente por sus acusadores al templo.

Expuesta delante de una multitud con piedras en sus manos.

Siendo consciente de que era culpable de haberse rendido a sus deseos destructivos.

Tirada en el polvo.

En mi imaginación, la veo tirada en el suelo, sucia y semidesnuda. Con su vestido roto por el poder destructor del deseo. Como Tamar.

«La Ley declara que hay que apedrearla,

pero, ¿qué dices tú Jesús?»

La gracia está a punto de dictar sentencia.

Porque la gracia es una persona, la gracia es Jesús.

Jesús se inclinó y comenzó a escribir en el suelo con su dedo. **Juan 8:6**

En silencio, la gracia se inclinó a la altura de ella.

A la altura del polvo.

Y con su dedo dibujó en el polvo.

La primera vez que Dios se inclinó y metió su mano en el barro por nosotros fue cuando formó al ser humano del polvo de la tierra. Quizá, al volverse a inclinar junto a esta mujer y al tocar el polvo, estaba recordando de dónde venía, le estaba recordando de dónde venía, nos estaba recordando de dónde venimos. Somos barro, sin el espíritu de Dios no somos más que polvo llevado por el viento.

La Ley se mantuvo erguida con su piedra en la mano.

La gracia se inclinó y metió su mano en el polvo.

Entre los acusadores y la adúltera se interpuso Jesús, desviando las miradas que estaban fijas sobre la mujer avergonzada hacia él, atrayendo toda la rabia que la multitud sentía por esa pecadora sobre él.

Jesús estaba dispuesto a morir para crear algo nuevo en ella.

Y de hecho lo hizo en una cruz tiempo después.

No sabemos lo que Jesús escribió en la tierra, quizá escribió los mandamientos, pero ante la insistencia de los acusadores por una resolución, Jesús se irguió, con la cabeza bien alta, desafiando a los acusadores, y señalando al polvo dijo:

Aquel de ustedes que nunca haya pecado, tire la primera piedra. **Juan 8:7**

Acusados los acusadores por sus propias consciencias, admitiendo en silencio que ellos también eran culpables de transgredir los mandamientos de Dios, fueron retirándose uno por uno.

Cuando quedaron solos, Jesús se volvió a inclinar hacia la mujer, pero estaba vez para levantarla del polvo. Para restaurar su alma, para hacerla nueva.

Entonces él se enderezó y le preguntó:
—Mujer, ¿dónde están? ¿Nadie te ha condenado?
Ella dijo:
—Nadie, Señor.
—Yo tampoco te condeno. Vete y no vuelvas a pecar.
Juan 8:10–11

De esta manera, convirtió a una adúltera en una virgen.

La hizo nueva, le dio un nuevo comienzo.

Ese es el poder de la gracia.

De la misma manera, Jesús se inclina hacia ti, a la altura del polvo donde te encuentras en este momento y te pregunta: «¿Dónde están los que te acusan?» Se refiere a esas voces fuera de ti o dentro de ti que te condenan diciéndote:

Tu error es irreparable.

Ya no hay pureza en ti.

No tienes nada para ofrecer.

Jesús te levanta del polvo para hacerte nuevo y te recuerda:

«La única voz que debes escuchar es la mía y hoy te dice; yo no te condeno, vete y no peques más».

Muchos, al leer estas palabras, creen equivocadamente que Jesús le estaba haciendo una advertencia a la mujer al estilo: «Te he perdonado, pero ten cuidado de no volver a las andadas», pero nada que ver con eso, Jesús la estaba empoderando con esas palabras de gracia para que nunca más volviese a pecar. Porque eso hace la gracia, no solo te levanta del polvo, sino que te empodera para vivir en pie el resto de tu vida.

Por lo tanto, cuando llegues al cielo, si quieres conocer personalmente a esa mujer, no se te ocurra preguntar por ella como «la mujer adúltera», porque en el cielo se la conoce como «la mujer que fue perdonada y nunca más volvió a pecar».

Porque la gracia te da un nuevo nombre.

En un solo momento, el que comenzó leyendo este capítulo como una adúltera, puede terminarlo como una virgen. Quien tenía su vestido roto por el poder destructor del deseo, puede recibir un nuevo vestido de pureza.

Ese es el poder restaurador de la gracia.

REDENTORES

LA RESTAURACIÓN DE LAS PERSONAS

R E
D E N
T O R

12

NO CONOZCO NINGÚN
OTRO SIGNO DE
SUPERIORIDAD QUE
LA BONDAD.

LUDVIG VAN BEETHOVEN

Aquí está el primer mensaje: El Señor le dijo a Oseas: «Ve y cásate con una prostituta, y ten hijos con ella. Esto ilustrará la forma en que mi pueblo me ha sido infiel, cometiendo abiertamente adulterio contra mí al rendir homenaje a otros dioses». Así que Oseas se casó con Gomer, hija de Diblayin, la cual quedó embarazada y le dio un hijo.

Entonces el Señor me habló por segunda vez, y me dijo: «Ve y busca a tu esposa de nuevo, y tráela de vuelta contigo y ámala, aunque ella ame a otro hombre. ¡Porque así es como el Señor ama a los israelitas, aunque ellos han preferido rendir homenaje a otros dioses y participan de las comidas especiales que les ofrecen!». Así que la compré por ciento ochenta gramos de plata y trescientos sesenta litros de cebada, y le dije: «Serás mi esposa por mucho tiempo. No te portarás más como una prostituta durmiendo con muchos hombres, sino que me serás fiel. También yo te seré fiel».

Oseas 1:2-3; 3:1-3

Era un mal momento para ser profeta, ya que el pueblo había abandonado su fidelidad al Dios verdadero para entregar sus afectos a dioses falsos, y aunque Oseas había confrontado la infidelidad del pueblo con un discurso ardiente, no había palabras capaces de derretir esos corazones helados. Entonces, Dios habló a su profeta y le dijo algo que aún hace eco en la eternidad: «A partir de ahora, tú serás mi mensaje viviente, encarnarás mi amor por este pueblo infiel y sentirás todo lo que yo siento».

Dios le pide a Oseas que convierta su vida en una especie de representación viviente de su relación con Israel, algo así como una *performance* profética. Le pide que ame a una mujer hermosa, pero con serios problemas emocionales. Le pide que ame a una mujer promiscua que le va a ser infiel. Le pide que persista en amarla a pesar de sus traiciones. Lo que puedes leer en esas páginas es el desafío que Dios le hace a Oseas de amar como él ama.

DIOS TIENE CORAZÓN

Este libro profético es estremecedor porque revela un aspecto de la naturaleza de Dios que no estamos acostumbrados a percibir: su vulnerabilidad. Al leer este libro, tienes la sensación de que Dios se está desnudando, como si Dios se abriese el pecho delante de nosotros y nos enseñase las entrañas de su ser. Y al exponerse de esta manera, descubrimos algo fascinante, algo que muchos ni siquiera sospechaban, que Dios tiene corazón y que ese corazón le duele.

¡Me duele el corazón por ti! **Oseas 11:8**

Por muy sorprendente que pueda resultar, la Biblia dice que Dios el Creador, el Eterno, el Todopoderoso, el Omnisciente, el Santo y de mil atributos divinos más, tiene corazón. Obviamente, esto es un antropomorfismo, es decir, otorgarle al ser divino atributos humanos. Sabemos que Dios es espíritu, sin forma física y sin género, pero cuando la Biblia dice que tiene corazón, es una metáfora que describe una realidad divina con palabras comprensibles para nosotros.

Un Dios con corazón es un Dios que siente, que responde y que experimenta, en otras palabras, es vulnerable a estímulos externos a él. El libro de Oseas nos presenta a un Dios capaz de sufrir. ¿Y cuál es el motivo de su sufrimiento? Las personas.

Las personas, como tú y como yo, a las que Dios creó para amar y a las que dotó con el atributo que hace posible una relación verdadera: la libertad para elegir responder o no a su amor. La libertad para hacer lo que quieran con su corazón, incluso destrozarlo.

Mientras escribo estas palabras, recuerdo el sonido del llanto de una amiga a la que su esposo le fue infiel. Ese sonido no se olvida. Hay muchas maneras distintas de llorar, y ese día, mientras mi mujer y yo la abrazábamos fuerte, sus lágrimas brotaban desde un corazón destrozado por la persona a la que se lo había entregado en el altar.

Al leer el libro de Oseas, tengo la sensación de escuchar el mismo sonido, como si no estuviese escrito con tinta, sino con las lágrimas de un amante traicionado. Casi al comienzo de la Biblia, cuando se describe cómo los seres humanos que Dios creó para amar usaron su libertad para traicionarlo y destruir su creación, el autor describe lo que ocurrió en el centro mismo de la divinidad:

Entonces el Señor lamentó haber creado al ser humano y haberlo puesto sobre la tierra. Se le partió el corazón.
Génesis 6:6 NTV

Otras traducciones lo expresan diciendo que «le dolió el corazón como si se lo estuviesen rasgando».

¡A Dios se le partió el corazón! Fueron las personas a las que tomó el riesgo de amar, a las que les dio poder sobre su corazón, las que tomaron ese regalo precioso y lo hicieron pedazos. Quizá las gotas que cayeron del cielo en el diluvio fueron las lágrimas de un Dios con el corazón desgarrado.

¿Qué dice esto acerca de Dios? Quizá para algunos esta sea una perspectiva nueva. Estamos tan acostumbrados a imaginar la divinidad como una fuerza impersonal o como un conjunto de leyes que gobiernan el cosmos, que cuesta imaginarlo como un ser emocional. Nos es sencillo percibirlo como creador, como juez supremo, como conjunto de verdades, como sistema religioso, pero, ¿como un amante? ¿Como alguien que toma el riesgo de hacer una declaración de amor a gente con libre albedrío? ¿Como alguien que se hace vulnerable al dolor del rechazo por parte de su ser amado? Esta es una visión muy comprometedora para todos aquellos que nos llamamos sus seguidores.

> **LA HISTORIA QUE ENCONTRAMOS EN LA BIBLIA ES LA DE UN SER QUE AMA Y SIGUE AMANDO AUN CUANDO NO ES CORRESPONDIDO.**

Pensar en esto me hace replantearme de qué se trata la Biblia, cuál es el argumento central de este drama del universo. ¿Es el manual del propietario?.

En realidad, la historia que encontramos en la Biblia es la de un ser que ama y sigue amando aun cuando no es correspondido. Cuando fijo mi mirada en Jesús clavado en esa cruz, el Omnipotente metido dentro de la delicada piel humana, desnudo delante de todos, en lo único que puedo pensar es en que se trata de la declaración de amor más grandiosa que se ha hecho. Jesús es el corazón que Dios le ofrece al mundo, un corazón que estrujamos en esa cruz, pero que persistió en amarnos.

> **AMAR ES HACERTE VULNERABLE**

Y ¿qué nos enseña su historia acerca de lo que significa amar de verdad? Nos enseña que amar es hacerte vulnerable exponiendo tus sentimientos primero, aun a riesgo de no ser correspondido. Amar es dar poder al otro para que te diga que no o te diga que sí, pero, en definitiva, para afectar profundamente tus emociones. Amar es correr el riesgo de que te estrujen el corazón.

SED

Seguramente Oseas se quedó muy sorprendido ante la extraña encomienda de su Señor, pero obedeció. Se casó con Gomer, una preciosa mujer, pero con una oculta debilidad por las joyas, la ropa y los lujos. Al principio, parecía que el matrimonio funcionaba a la perfección, hasta tuvieron dos hijos, pero con el paso del tiempo empezó a revelarse la ambición oculta en el alma de Gomer. Insatisfecha con la provisión de Oseas, que en vez de dedicar más tiempo a los negocios que les permitirían mejorar su estilo de vida, pasaba las horas orando a su Dios y predicando el mensaje divino, Gomer comenzó a desconectar su alma de su esposo y a mirar a otros hombres pudientes. Otros hombres que, según ella, podrían saciar la sed de su alma. Porque, realmente, estaba sedienta por algo que no sabía identificar muy bien, pero creía que, con unos caprichos, unos zapatos nuevos o quizá unos pendientes sería satisfecha.

A pesar de haber tenido dos embarazos, Gomer conservaba una figura atractiva y un rostro hermoso adornado con ojos capaces de prender el corazón de los hombres lascivos. Así que, impulsada por su sed, fue a beber de la boca de otros hombres en secreto, al principio eran hombres solteros que después de acostarse con ella la recompensaban con un vestido, una joya u otro artículo lujoso, pero la sed de Gomer la llevó a acostarse con hombres casados que la pagaban bien por su silencio. Durante unos meses, fue capaz de ocultar su doble vida, hasta que ocurrió algo que ya no pudo ocultar: quedó embarazada de otro hombre, aunque ni siquiera estaba segura de cuál. Oseas sospechaba que aquello que su Dios le había dicho hace años estaba cumpliéndose, ya que su mujer había evitado acostarse con él durante meses y sus encuentros sexuales habían sido contados, pero ella insistió en que ese bebé era de él. Hasta que después de dar a luz, Gomer decidió que no quería dedicar su vida a ser la esposa de un profeta pobre, ni la madre de unos hijos demandantes, y, tomando toda su riqueza acumulada, abandonó a su familia dejando una nota sobre la cama que decía: «Tengo sed de algo que tú no me puedes dar. Me merezco una vida mejor que esta y voy a salir a buscarla hasta quedar satisfecha».

Llegados a este punto del relato, sería fácil ponernos sobre una plataforma de superioridad y juzgar a Gomer por su acción, pero ¿somos nosotros mejores que ella? Creo que no. Al menos yo me he encontrado muchas veces bajo los efectos de lo que voy a llamar aquí el «Síndrome de Gomer». Se trata de tener una sed profunda en tu alma por algo que te haga sentir completo y buscar ser satisfecho en los lugares equivocados. En otras palabras, intentar saciar tu sed con el agua equivocada. La mayoría nos decimos a nosotros mismos que la razón por la cual permanecemos constantemente insatisfechos es porque sencillamente aún no hemos sido capaces de dar un buen sorbo. De esta manera, seguimos buscando desesperadamente más agua en otros lugares. Como Gomer, incluso podemos vender cosas importantes por un sorbo que nos prometa la satisfacción que nuestra alma sedienta anhela.

El Síndrome de Gomer me recuerda una conversación que Jesús tuvo con una mujer profundamente sedienta, en un pozo de la ciudad de Samaria bajo el sol abrasador de Israel. Esta mujer debía ser tan guapa como Gomer, porque contaba en su historial con cinco maridos, pero, sin duda, tenía serios problemas emocionales.

Esta conversación revela cuál es la única fuente capaz de satisfacer el alma humana.

En eso, llegó una mujer de Samaria a sacar agua. Jesús le dijo:

—Dame un poco de agua.

Pero como los judíos no se llevaban bien con los samaritanos, la mujer le respondió:

—¿Cómo se te ocurre pedirme agua, si tú eres judío y yo soy samaritana?

Jesús le contestó:

—Si supieras lo que Dios puede darte y quién es el que te está pidiendo agua, serías tú la que le pediría agua a él y él te daría agua que da vida. (...) Cualquiera que beba de esta agua volverá a tener sed, pero el que beba del agua que yo le dé, no volverá a tener sed jamás, porque dentro de él esa agua se convertirá en un manantial del que brotará vida eterna.

La mujer le dijo:

—Señor, dame de esa agua para que no vuelva a tener sed ni tenga que venir aquí a sacarla.

Jesús le dijo:

—Ve a llamar a tu esposo y regresa acá.

La mujer respondió:

—No tengo esposo.

Jesús le dijo:

—Has dicho la verdad en cuanto a que no tienes esposo, porque has tenido cinco y el que ahora tienes no es tu esposo.

La mujer le dijo: Señor, me parece que eres profeta.

Juan 4:7-10, 13-19

El Evangelio presenta esta escena diciendo que Jesús y la Samaritana estaban solos en el pozo, entonces Jesús le hace una petición muy provocadora: «Dame un poco de agua para beber». Es fácil perder el impacto de esta conversación si no se conoce la cultura hebrea de aquel siglo. En aquella cultura, si un hombre se dirigía a una mujer extraña, en una conversación privada, con estas palabras, podría entenderse como una propuesta para acostarse con ella. «Beber del agua de una mujer» era un eufemismo en la cultura judía (muy utilizado en los proverbios) para referirse a mantener relaciones sexuales con ella.

Sin ninguna duda, no era la primera vez que un hombre extraño le hacía una propuesta semejante a esta, ya que tenía un historial de promiscuidad bien conocido en la ciudad. Pero Jesús, realmente, no quería tomar el agua de esta mujer, sino que quería ofrecerle un Agua Viva capaz de satisfacer su alma por toda la eternidad.

Pero, ¿por qué Jesús comienza la conversación de una manera tan provocadora? Porque Jesús sabe que el camino más rápido al corazón de una persona es a través de una herida. Y esta es la herida de esa mujer.

Rápidamente, Jesús conecta los puntos en la conversación, conecta la sed de esa mujer con su historial de promiscuidad. En otras palabras, Jesús le dice: «Has intentado saciar tu sed con el amor de los hombres y has corrido de la cama de un hombre a otro para descubrir que sigues teniendo sed. Esto es porque tu alma anhela una clase de amor que no se puede obtener de ningún hombre, tu alma ha sido diseñada para ser completada con el amor de Dios. Ese amor divino es la única fuente capaz de satisfacerte eternamente».

Al igual que Gomer y la Samaritana, podemos usar las relaciones románticas como fuentes para saciar la sed de nuestra alma, pero, si hacemos esto, quedaremos insatisfechos. Correremos el riesgo de usar el afecto de las personas para calmar nuestra sed momentáneamente, hasta secarlas completamente y terminar despreciándolas por no habernos satisfecho. Podemos hacer esto una vez tras otra, absorbiendo desesperadamente cualquier trago de amor que alguien nos ofrezca. Hasta que, como adictos, seamos capaces de entregar cualquier cosa por nuestra dosis del día, incluso capaces de destruir cosas hermosas por una gota más, pero mañana volveremos a tener sed.

LA SUBASTA

Regresando al relato de Oseas, no sabemos con seguridad cuánto tiempo estuvo Gomer entregando su cuerpo a cambio de dinero, pero lo que sí sabemos es que la que comenzó siendo una prostituta de lujo terminó siendo una simple ramera despreciada por sus clientes. Probablemente, Gomer envejeció, se enfermó o simplemente dejó de tener interés para los hombres, y la que había sido tan bien cotizada en el pasado, ahora rogaba a los hombres por un servicio más que le permitiese cubrir sus gastos. La deuda de Gomer fue creciendo hasta que la situación se hizo insostenible y sus acreedores tomaron posesión de ella. Literalmente, se convirtió en una esclava, poseída por aquello que creía poseer.

En algún momento, le llegó la noticia a Oseas de que la mujer que legalmente aún era su esposa, iba a ser subastada como esclava en el mercado de la ciudad vecina. El profeta, con el corazón destrozado y un torbellino de emociones, no sabía lo que hacer: ¿Debía abandonarla a su suerte? Al fin y al cabo, era justo el castigo que estaba recibiendo. Confundido, acudió a Dios llorando para exponerle su caso y obtuvo su respuesta: «Oseas, ¿recuerdas que hace años te dije que serías mi mensaje viviente, que encarnarías mi amor por este pueblo infiel y sentirías todo lo que yo siento? Ahora, ama a esta mujer, paga su deuda y tráela de vuelta a ti, para que Israel entienda qué significa el verdadero amor».

No me atrevo a afirmar que obedecer a la voz de Dios fue una decisión fácil, pero lo que sí sé es que cuando alguien responde al desafío del amor, el espíritu divino le da poder para hacer lo que parece humanamente imposible. De eso no tengo ninguna duda.

De manera que, Oseas fue al mercado de esclavos y se quedó mirando a Gomer desde lejos, mientras la traían y la colocaban en el banquillo. Allí estaba su esposa, a la que habían despojado de su ropa, totalmente desnuda ante la multitud. Esa miseria humana no era más que la sombra de aquella preciosa jovencita a la que besó por primera vez en su boda, no había ya ninguna belleza que la hiciese atractiva. El subastador la señaló con un palo, le ordenó que abriese la boca para enseñar sus dientes, como se hace con el ganado para demostrar su nivel de salud, y entonces comenzó la puja.

– ¿Quién ofrece cinco monedas de plata por esta esclava? – gritó el subastador mientras la multitud lo ignoraba. – ¿Alguien ofrece cinco monedas de plata? ¿Nadie?

Los compradores no mostraban el más mínimo interés hasta que alguien grito:

– ¡La compro por una moneda de plata!

– Una moneda de plata es muy poco. ¿Quién ofrece dos? – intentó animar el subastador a unos compradores que no estaban interesados en la mercancía.

– ¡La compro por una moneda de plata! – volvió a insistir el único que parecía interesado en ella. –Una moneda de plata es lo que vale una mujer en esas condiciones.

– Una moneda de plata a la una – comenzó a contar el subastador, – una moneda de plata a las dos – continuó, hasta que de repente el amor verdadero rompió el silencio.

– ¡Ofrezco quince monedas de plata, cinco canastas de cebada y una medida de vino! – gritó Oseas mientras todo el mundo enmudecía.

– Pero esa mujer no vale lo que estás ofreciendo por ella –exclamó el vendedor sorprendido.

– Estoy dando por ella todo lo que tengo porque eso es lo que ella vale para mí.

Y cubriendo su desnudez con una sábana, Oseas tomó a Gomer entre sus brazos y la cargó de vuelta a casa. Y mientras se alejaba de la multitud gritó al pueblo:

– ¡Oye Israel, pobre esclava de los ídolos a los que les has entregado tu corazón! ¡Así es como te ama tu Dios!

REDENTORES

La Biblia usa una palabra muy poderosa para describir lo que hizo Oseas con Gomer: *«redención»*.

Si has leído la Biblia, te habrás dado cuenta de que esa palabra aparece varias veces para referirse a lo que Jesús hizo por nosotros en la cruz. Redención es una palabra que surgió en una atmósfera infernal, dentro de los mercados de esclavos de los imperios, donde se exhibían a hombres, mujeres y niños como si fuesen cosas que comprar, donde se les denigraba como si fuesen animales. Esta palabra representa traer algo del cielo al centro mismo del infierno, porque redimir significa liberar a una persona de la esclavitud mediante el pago de un precio. Cuando alguien redimía a un esclavo, se hacía cargo de su deuda y lo liberaba. No solo eso, sino que además le devolvía su dignidad perdida. Por lo que me atrevería a decir que un redentor es alguien que hace que el cielo invada la vida de otra persona, cuya realidad podría considerarse un auténtico infierno. En otras palabras, un redentor es alguien que arremete contra las fuerzas que destruyen al ser humano y se compromete a ser un restaurador de vidas rotas por el pecado.

Eso es lo que Oseas hizo con Gomer, y ¿no fue eso lo que Jesús hizo por nosotros en la cruz? Ella se había endeudado a causa de sus errores, hasta convertirse en una esclava de sus pasiones, pero él, para traerla de vuelta a casa, estuvo dispuesto a pagar. Penetró en las entrañas del infierno para liberarla, se atrevió a ser un portador del cielo sobre una vida arruinada. Eso representa un amor redentor, una clase de amor que está dispuesto a pagar el precio para traer de vuelta al otro a la relación. Un amor que restaura en el otro la dignidad perdida.

Y eso es exactamente a lo que Dios nos desafía a través del ejemplo del profeta Osea.

¿Qué haces cuando la relación se está convirtiendo en un infierno?

¿Cuando se acumulan ofensas del uno contra el otro?

¿Cuando los reclamos ganan terreno, las palabras suenan a gritos y las miradas representan reproches?

¿Qué haces cuando se acumulan deudas en la relación y están a punto de convertirse en esclavos de sus pasiones?

NUESTRA FORMA DE TRATAR LO CREADO REFLEJA LO QUE SENTIMOS POR SU CREADOR.

Puedes dejar que el infierno tome el control o puedes arremeter contra él con las fuerzas del cielo, con el perdón, la honra, la paciencia, la compasión o cualquiera de esas acciones que hacen temblar a las fuerzas del mal. Puedes convertirte en un redentor, me estoy refiriendo a pagar el precio de las deudas de nuestra pareja y liberarla de cualquier demanda. Estoy hablando de pagar el precio para traerla de vuelta a nosotros y, aún más, restaurarle la dignidad perdida a causa de su error.

¿Por qué deberíamos pagar el precio por alguien?

Porque nuestra forma de tratar lo creado refleja lo que sentimos por su creador.

EL TALLER DE LA RESTAURACIÓN.

Recuerdo el año de mi adolescencia en el que me surgió la fiebre creativa. Lo llamo fiebre porque realmente parecía que estaba enfermo. No paraba de experimentar con alambres, yeso, madera y clavos. Mi habitación olía a pegamento y tenía pintura en mis uñas. Quería crear. Aunque, viéndolo en perspectiva, la mayoría de mis creaciones eran de dudosa belleza. Sin embargo, recuerdo que mi madre tomaba mis creaciones y las ponía en una vitrina junto con sus jarrones de porcelana y figuras de cristal, allí donde mi madre exponía las cosas hermosas y de mayor valor.

¿Por qué hacía eso mi madre? Porque ella sabía que la manera de tratar mis creaciones reflejaría lo que ella sentía por mí. De hecho, aún conserva algunas de ellas, aunque yo le insisto en que las queme.

En el primer capítulo del Génesis, la Biblia dice que Dios creó al ser humano a su imagen. El autor deja muy claro que, a pesar de que toda la creación refleja la gloria de su creador, hay algo que distingue al ser humano de los minerales, las plantas o los animales. De una manera diferente e intencional, Dios imprimió su imagen en los seres humanos, no solo los modeló a partir del polvo de la tierra como un artista moldea su obra a partir de la arcilla, sino que besó el polvo, sopló en él su esencia. El ser humano, desde el principio, es portador de la imagen divina.

Pero, ¿de qué manera Gomer podía reflejar la imagen de Dios? ¿Cómo es posible que hubiese una imagen divina, algo digno de valorarse, en una mujer promiscua, enferma y esclava? De la misma manera en que hay valor impreso en un billete de cien euros a pesar de haber caído en una fosa de excrementos. Aunque ese billete esté arrugado, sucio y maloliente, mientras ese billete exista, ese billete tiene valor. Hay una imagen impresa en él que lo hace valioso. De la misma manera, aunque una persona esté abusada, violada o enferma, aunque tenga su mente llena de mentiras, practique hábitos destructivos o tenga un carácter corrompido, mientras esa persona exista, esa persona tiene valor. Su condición no determina su valor. Los que entienden esto, son capaces de meter la mano en los lugares más repugnantes para rescatar lo que es valioso.

Tenemos que decidir, entonces, si nos convertiremos en restauradores o destructores de la imagen de Dios en los demás, porque de eso se tratan las relaciones.

Cuando se maltrata a un ser humano, se le convierte en un objeto o se le ignora, esas acciones se convierten en acciones contra Dios. Es un desprecio a la imagen que portan, es una afrenta a su creador. Sin embargo, cuando protegemos la dignidad de alguien, la tratamos con bondad o celebramos sus virtudes, esas acciones se convierten en acciones a favor de Dios. Es una manera de mostrar amor al creador, amando su creación.

En definitiva, cuando amamos a Gomer, amamos a Dios.

Cuando pagamos el precio por alguien para traerlo de vuelta a nosotros, cuando lo perdonamos, luchamos por la conexión, nos esforzamos por mantenernos unidos o hacemos cualquier otra cosa que libera a nuestra pareja de la esclavitud de sus errores, ese amor se convierte en redentor.

De esta manera, colaboramos con Dios en la obra de restauración que él inició en la cruz.

BARRABÁS

¿Alguna vez leíste con atención la escena en la que Poncio Pilato le pregunta a los judíos si prefieren a Jesús o a Barrabás? Está en Mateo 27.

Yo odiaba a Barrabás más de lo que odiaba a ningún otro en el Evangelio y no entendía por qué su nombre tenía que tener un lugar ahí. Pensaba que era absolutamente prescindible.

La Biblia dice que el gobernador Pilato se sentía incómodo con la idea de sentenciar a Jesús a muerte porque no encontraba motivo para crucificarlo. Entonces, pensó: «Hoy es un día sagrado para el pueblo y es tradición liberar a un condenado del corredor de la muerte. Voy a dejar que ellos elijan a quien liberar y a quien matar».

Y es aquí cuando empiezo a sentir cómo todas mis tripas se retuercen.

Pilato plantea una subasta escandalosa.

Pregunta al pueblo: «¿A quién quieren liberar?, ¿a Jesús o a Barrabás?»

Pero, ¿cómo es posible una pregunta así?

No hay comparación.

Es otra subasta vergonzosa.

A un lado del escenario, tenemos a Barrabás. No sabemos mucho de él, pero lo que sabemos es suficiente.

Es un hombre rebelde.

Es un hombre malvado que encabezó una revuelta.

Es un hombre traidor que engañó a muchos.

Es un hombre violento que asesinó a otros.

Barrabás merece la cruz, merece los clavos que atravesarán sus muñecas, él merece la muerte. Y Pilato lo sabe, el pueblo lo sabe, tú y yo lo sabemos.

Al otro lado del escenario, tenemos a Jesús. ¿cuál es la culpa de Jesús?

Siempre dijo la verdad.

Siempre demostró amor.

Siempre fue íntegro.

Pasó toda su vida socorriendo a los pobres, dando dignidad a las prostitutas, sanando a los enfermos... ¡Dime! ¿Por qué lleva esas cadenas entonces?

Es una comparación escandalosa. Un cara a cara entre Jesús y Barrabás: la bondad absoluta frente a la absoluta maldad.

Entonces, Pilato pregunta a la multitud: «¿A quién quieren que deje libre?» Y, sorprendentemente, la gente responde con gritos: «¡A Barrabás! ¡A Barrabás! ¡Libera a Barrabás!»

O quizá no sea tan sorprendente.

Puedo imaginarme a los alguaciles acercándose al calabozo de Barrabás, diciéndole mientras abren la puerta de su celda: «Hoy es tu día de suerte, otro llevará la cruz que habíamos preparado para ti». Mientras tanto, la gente sigue gritando el nombre de Barrabás y él piensa: «¡Guau! La gente me quiere, soy un héroe nacional».

Pero qué inconsciente es ese hombre, no tiene ni idea de lo que está pasando. No se trata de él, se trata de Jesús.

Y este es el momento de la historia que más odio: Barrabás caminando hacia fuera del calabozo, celebrando su libertad, se cruza con Jesús, quien comienza a cargar la cruz que lleva su nombre, pero, ¿qué crees? No hay una mirada de agradecimiento hacia Jesús, ni unas palabras de consideración, no tiene ni una pizca de respeto por aquel que lo está sustituyendo... ¡Y es ahí cuando deseo entrar en la escena y matarlo!

YO SOY BARRABÁS

Siempre he sentido rabia al leer este episodio del Evangelio, hasta que el Espíritu de Dios me confrontó en medio de mi furor y me dijo:

— «¡Ya basta! No puedes odiar a quien yo he amado».

Esas palabras me conmocionaron, sacudieron mi alma profundamente. Pude escuchar a Jesús diciéndome:

— «Yo amé a Barrabás, y me quedé callado en ese escenario para que él quedara libre».

— «¡Pero Jesús! ¡Barrabás era un hombre malo!».

Intenté razonar con la voz de Dios.

— «Sí... pero lo amé y guardé silencio por amor, como guardé silencio por ti» — concluyó la voz de Dios.

Entonces, pude entender lo que no había entendido hasta el momento:

Yo soy Barrabás.

Soy yo y también tú.

Podemos engañarnos a nosotros mismos diciendo: «Yo no soy tan malo como Barrabás». Puedo consolarme comparándome con otros y sintiéndome más bueno que ellos. Pero la verdad es que uno no entiende lo sucio que está hasta que se compara con la pureza de Jesús.

Él siempre dijo la verdad, mientras yo he pulido mis mentiras.

Él perdonó a sus ofensores, mientras yo he justificado mi rencor.

Él se dio a los pobres, mientras yo he codiciado las riquezas de mi vecino.

Él amó con pureza, mientras yo me he vendido a la lascivia.

Yo soy Barrabás más de lo que soy cualquier otro personaje en la Biblia.

Entonces, mi perspectiva cambia, no veo la historia desde fuera, la veo desde dentro. Me veo en ese escenario cara a cara con Jesús, sabiendo quién es él y quién soy yo, la bondad absoluta frente a la absoluta maldad.

Sé que la justicia me busca, pero Jesús interrumpe diciendo:

— «Tómenme a mí, tómenme a mí y libérenlo a él».

— «¡No, Jesús! ¡Yo merezco esto! ¡Yo tengo la culpa! ¡Esta es mi vergüenza!» — grito ante los verdugos. Mientras me quitan mis cadenas y ponen la cruz sobre sus hombros, Jesús me mira y me dice:

— «No Barrabás, déjame esto a mí, déjame tomar tu lugar, déjame cargar tu pecado, déjame sufrir tu castigo» — y, mientras carga la cruz que yo merezco y recibo un indulto que no entiendo, puedo verlo caminando hacia el lugar donde será quebrantado, mientras yo estoy de pie como un hombre libre. Cuando toda la justicia de Dios está a punto de aplastar a Jesús, su amor me susurra:

— «Vive Barrabás, vive; yo moriré por ti».

EL AMOR VERDADERO

Lee como nunca leíste estas palabras:

*Dios nos demostró su amor enviando a su único Hijo a este perverso mundo para darnos vida eterna por medio de su muerte. **Eso sí es amor verdadero**. No se trata de que nosotros hayamos amado a Dios, sino de que él nos amó tanto que estuvo dispuesto a enviar a su único Hijo como sacrificio expiatorio por nuestros pecados.*
1 Juan 4:9–10 (énfasis del autor)

Si aún no te ha transformado el amor verdadero, es porque aún no has descubierto a Jesús.

Mira la cruz.

Mira a Jesús clavado, desnudo y rasgado en esa cruz y pregúntate por qué.

El Evangelio dice que lo que mantuvo a Jesús clavado en esa cruz hasta el final, no fueron los clavos, fue el amor a ti.

El escándalo de la cruz es que fue una sustitución. Jesús tomó tu pecado y te regaló su justicia y, al hacerlo, Dios trató a Jesús con el castigo que tú te merecías, para que Dios te trate a ti con el honor que Jesús se merecía.

> **SI AÚN NO TE HA TRANSFORMADO EL AMOR VERDADERO, ES PORQUE AÚN NO HAS DESCUBIERTO A JESÚS**

Jesús murió tu muerte, para que tú puedas vivir su vida. Lo que quiero decir es que estás ante el trono de Dios como si fueras Jesús, porque en esa cruz Jesús estuvo delante de Dios como si fuera tú.

Esa es la mayor declaración de amor que existe.

Ese es el amor verdadero.

Y fue por ti, Barrabás.

Eres amado con un amor tan real, tan intenso, incondicional, puro y eterno, que tu mente no puede procesar todas sus implicaciones.

Es un amor que aún sigue conmocionando al universo, que hace aplaudir a los ángeles, temblar a los demonios, maravillarse a los teólogos, confundir a los filósofos, inspirar a los poetas y reír a los niños.

¿Qué tal ahora vivirlo?

BIBLIOGRAFÍA

- Christophe Galfard. *El Universo en tu mano*. Blackie Books. 2017

- Francis Chan. *Tu y yo por siempre*. Unilit. 2015

- Jaime Fasold. *Tu media naranja*. Editorial Portavoz. 1998

- James Strong. *Concordancia Strong*. Grupo Nelson. 2002

- Josh McDowell. *La verdad desnuda*. Editorial Patmos. 2011

- Rob Bell. *Velvet Elvis*. Zondervan. 2005

- Rob Bell. *Sexo Dios*. Editorial Vida. 2007

- Tim Keller. *Encuentros con Jesús*. Editorial Poiema. 2016

- Tim y Khaty Keller. *El Significado del matrimonio*. Publicaciones Andamio. 2014

ALGUNAS PREGUNTAS QUE DEBES RESPONDER:

¿QUIÉN ESTÁ DETRÁS DE ESTE LIBRO?

Especialidades 625 es un equipo de pastores y siervos de distintos países, distintas denominaciones, distintos tamaños y estilos de iglesia que amamos a Cristo y a las nuevas generaciones.

e625.com

¿DE QUÉ SE TRATA E625.COM?

Nuestra pasión es ayudar a las familias y a las iglesias en Iberoamérica a encontrar buenos materiales y recursos para el discipulado de las nuevas generaciones y por eso nuestra página web sirve a padres, pastores, maestros y líderes en general los 365 días del año a través de **www.e625.com** con recursos gratis.

zona de contenido
PREMIUM

¿QUÉ ES EL SERVICIO PREMIUM?

Además de reflexiones y materiales cortos gratis, tenemos un servicio de lecciones, series, investigaciones, libros online y recursos audiovisuales para facilitar tu tarea. Tu iglesia puede acceder con una suscripción mensual a este servicio por congregación que les permite a todos los líderes de una iglesia local, descargar materiales para compartir en equipo y hacer las copias necesarias que encuentren pertinentes para las distintas actividades de la congregación o sus familias.

¿PUEDO EQUIPARME CON USTEDES?

Sería un privilegio ayudarte y con ese objetivo existen nuestros eventos y nuestras posibilidades de educación formal. Visita **www.e625.com/Eventos** para enterarte de nuestros seminarios y convocatorias e ingresa a **www.institutoE625.com** para conocer los cursos online que ofrece el Instituto E 6.25

¿QUIERES ACTUALIZACIÓN CONTINUA?

Regístrate ya mismo a los updates de **e625.com** según sea tu arena de trabajo: Niños- Preadolescentes- Adolescentes- Jóvenes.

¡APRENDAMOS JUNTOS!

e625.com   f 🐦 📷 ▶ /e625com

Libros
Online

Revista
Líder 6.25

Chat en
tiempo re...

Suscripción de
materiales premium
para iglesias

Tienda con envíos
internacionales

Eventos de
actualización
ministerial

Seminarios par
iglesias locales

INSTITUTO
e6 25

Educación online
www.institutoe625.com

e625
te ayuda todo el año

www.e625.com te ofrece
recursos gratis